井沢式

新ニッポン風土記

西日本編

井沢元彦
Motohiko Izawa

旅行読売出版社

序にかえて

職業柄、取材や講演旅行で日本の各地を訪ね歩くうちに、同じ日本といっても気候風土などの自然条件だけでなく、人情や風俗にも大きな違いがあることがわかってきた。

ここでちょっと友人のエピソードを話したい。彼は作家である、それも一流だ。数々の文学賞を受賞している。その彼が在住している地方都市の飲み屋に行った。そこの従業員の女性は文学少女（?）で、もちろん彼の名とちょうど週刊誌に連載中の作品名も知っていた。しかし、こう言われたそうだ、「あんた、この作家と同名だけど、なんか関係あるの?」と。

関西や九州の人にこれを話すと、まず信じてもらえない。その女性の心持ちでは「そんな有名な人がなんでここに住むの?　住んでいるはずがない」ということなのだが、確かに「西」に住んでいる人はそういう考え方をまずしない。

しかしこれは本当の話だ。それどころか彼が有名な文学賞を、同じ地方都市在住の先輩につづいて受賞した時、その地の人々は何と評したか?　これも酒席などで「西」の人にクイズとして出題するのだが、正解だった試しがない。

答は「あの賞もたいしたことねえな」である。九州あたりなら市民をあげてお祭り騒ぎになるところだが、こういうところもあるのだ。そうなった理由だが、前出の友人の言によれば大和朝廷（まさに「西」）が政策として徹底的に中央に対する劣等感を植え付けたからだという。

いっぽうでは、私の感想としてだが「すこしは劣等感という言葉を考えたほうがいいんじゃないの」という地方もある。まさに日本は狭いようで広い。

そして、そういう気質の違いはもう1000年以上前から成立していること、同じ気質のグループは現在の「県」ではなく昔の「国」で捉えたほうがいい、ということにおいおい気がついた。このことに約五百年前に気がついたのが本編中でもしばしば引用し、武田信玄も愛読したと伝えられる『人国記』の著者（不明）である。

この『井沢式　新ニッポン風土記』はその『人国記』の数百年ぶりの改訂版と捉えていただいていい。あらためて思うのは、気候風土が人間の気質や習慣にどんな影響をあたえるかは学問研究の対象に充分なりうるのではないか、ということである。

井沢元彦

2021年4月

旧国一覧

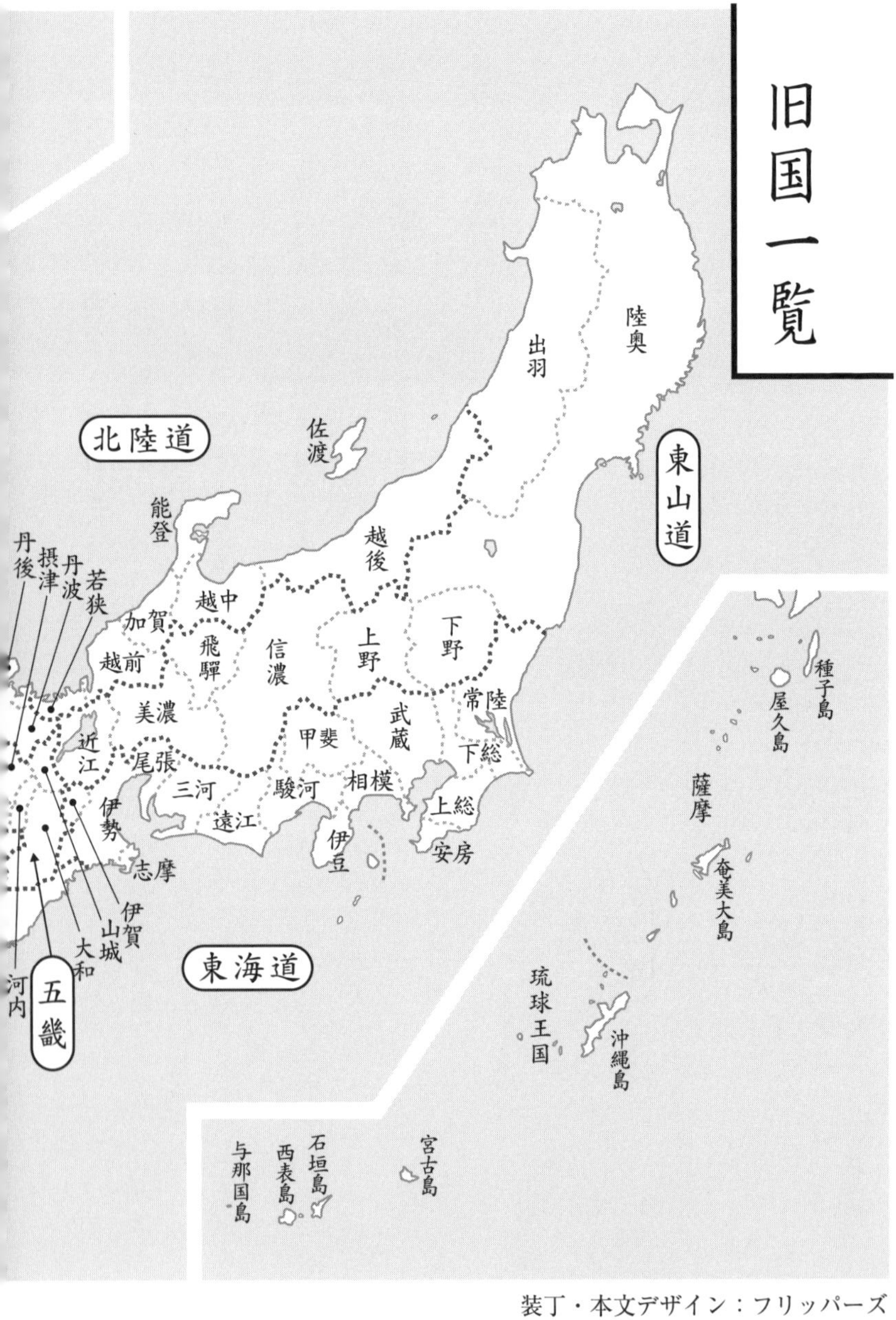

装丁・本文デザイン：フリッパーズ
地図：中村章伯

※この地図は古代の行政区であった、五畿（畿内）と七道（東海道、東山道、北陸道、山陰道、山陽道、南海道、西海道）に分けて作成しました。

井沢式　新ニッポン風土記　西日本編

目次

第四章　南海道

第五章　西海道

井沢式　新ニッポン風土記　東日本編

目次

第一章 五畿

大和国
山城国
河内国
和泉国
摂津国

大和国

大和国《やまとのくに》とは狭義では現在の奈良県地方を指すが、かつては日本全体を指す、つまり「日本」という国号に先立つ「この国の名前」であった。

日本とは「日《ひ》の本《もと》」つまり「日出《ひい》づる処《ところ》」であり、「東方にある国」を意味する。「東」とか「西」というのは本来相対的なもので、たとえばヨーロッパでは日本のことを「極東（ファーイースト）」つまり「最東端」と呼ぶが、アメリカの特に西海岸から見れば、日本はむしろ「西」にある国である。

われわれの先祖がなぜ「日本」、つまり「東方の国」という国号を選択したかといえば、「世界の中心」である超大国が日本の「西」にあったからだ。中国である。

中国とは「世界の中心にある最も優れた国」という意味だ。それに対して、「そちらが世界の中心なら、こちらは日の出づる国だぞ」という対抗意識の下に、「大和」は「日本」となったのである。

現代と違う「邪馬台」の発音

では、そもそも「ヤマト」とは何か?

これはやはり「大和朝廷」という言葉もあるように、日本列島を征覇した天皇家が一地方政権であった頃の名前、その「クニ」の名前であったというのが、一番妥当な考え方ではないだろうか。

そこで、ぜひ注目していただきたいのが、「邪馬台国」のことだ。大和朝廷成立以前の紀元3世紀に、日本列島のどこかに邪馬台国という「クニ(一地方政権)」があって、そこに「卑弥呼」という女王が君臨していたことは歴史的事実である。

問題はこの「邪馬台国」の読み方である。あなたはこれを何と読みましたか? 「ヤマタイコク」ですか。私はそれは間違いだと思っている。

いうまでもなく、この言葉は古代中国の歴史書『魏志倭人伝《ぎしわじんでん》』に出てくる。そこには確かに「邪馬台国(邪馬一国が正しいという人もいるが、その説を私は採らない)」と書かれてある。

しかし、問題はこれをどう読む(発音する)かである。たとえば現代の日本人は「行動」を「コウドウ」と読むが「行灯」は「アンドン」と読む。同じ「行」でもなぜ違うかといえば、中国では時代によって漢字の発音が変わることがあるからだ。

「行=アン」というのは比較的新しい発音で、その時代に中国から入ってきた言葉だから「行灯(アンドン)」であり「行宮(アングウ)」なのだ。

要点はおわかりだろうか?

当然、「邪馬台国」も３世紀前後の古代中国語の発音で読まねばならない。ところが、昔から「漢文（古代中国語）」を日本風発音で読み下すことを伝統としてきた日本人は、こうした発音問題には非常に鈍感だ。江戸時代の学者が「邪馬台国」を「ヤマタイコク」と読んでしまって以来、明治以降現代になってすら歴史学界はこれを「ヤマタイコク」と読み続けてきた。

そこで、不肖私こと井沢元彦が、あるTV番組の企画で中国へ渡り、中国古音の専門家にこの字を見せて読んでもらった。

中国語は日本語より「音《おん》」が多いので、カタカナでは正確に表記できない。しかし、あえて記せば「ヤマド」であった。つまり「ヤマト」とほとんど同じであったのである。

「邪馬台国」は「ヤマド国」なのである。ならば大和朝廷の前身と考えるのが、一番論理的で無理のない考え方だろう。そういえば、邪馬台国も「女王支配」であり、大和朝廷も祖先神はアマテラス（天照大神）という「女神」だ。

女性が「首長」という王家は世界では珍しいのだから、この点でも「邪馬台」は「大和」だといえる。では、そのヤマトはどこにあったのか？　そもそもヤマトの意味は何か？　そして３番目に、ヤマトをなぜ「大和」と表記するようになったのか？

３番目の疑問については、それが成立するのか疑問に思う人がいるかもしれないが、そもそもヤマトは「邪馬台」だったのである。そして次にそれは「倭」になった。

ヤマトタケルノミコトのことを現在は「日本武尊」と書く人が多いが、これは『日本書紀』ができてからのことで、『古事記』ではそれを「倭建命」と表記する。こう書いてヤマトタケルノミコトと読ませたのである。

ということは、どこかで「日本人」が「ヤマト」に対して「大和」という字をあてることを選択したことになる。

だから3番目の疑問も疑問として成立するのである。

邪馬台国はどこにあったのか？

まず「ヤマトはもともとどこにあったのか？」ということから始めよう。

それは奈良県の、特に最も古い段階の前方後円墳と考えられている箸墓《はしはか》古墳のあたり、であると思っている人が多いのではないか。つまり「邪馬台国も奈良県にあった。だからこそ、このあたりのことを『大和国』というようになったのだ」という主張である。

確かに説得力のある主張だが、私は「邪馬台国＝大和朝廷」の原型は、そもそも九州にあったと考えている。

では、「邪馬台国九州説」なのかと問われれば、「それは違う」と答えよう。

私は「邪馬台国東遷説《とうせんせつ》」の支持者である。

この言葉は耳慣れないかもしれないが、『古寺巡礼』の著作でも有名な和辻哲郎《わつじてつろう》も唱えた説であり、その内容は「邪馬台国は最初は九州にあったが、東へ遷《うつ》って（日本の中央部を征服して）大和地方に移った」というものである。その最大の根拠は日本神話が「天皇家は九州から東遷して大和に入った」と語っているからである。

昭和20年（1945）の敗戦以降、戦前の日本があまりに国家主義的だったという反省もあって、神話というものが「ことごとくデタラメ」だという教育が行われた。私も「神話はすべて正しい」などとは思っていないが、「全部デタラメ」というのはあまりにも歪《ゆが》んだ見方であろう。

もちろん、天皇家の支配を美化あるいは正当化するための、誇張や潤色はあるに違いない。しかし、根本的には神話伝承というのは先祖を讃《たた》える目的があり、何から何までデタラメなどということは有り得ない。これは民俗学上の常識といってもいい。

その神話が「天皇は九州から大和へ入った（いわゆる初代神武天皇の東征）」と述べているのだから、それを尊重するのが正しいと私は思う。

もっとも、では卑弥呼の時代にも九州にいたか（それとも大和まで進出していたか）というのは、また別の問題であり、だから「東遷説」は単純な「九州説（あるいは大和説）」とは違うのだ。

私はかつて、卑弥呼時代の「ヤマト」は九州にあり、その後継者のあたりから大和に入ったのだと考えていた。だから前出の箸墓は卑弥呼の墓ではないと考えていた。その最大の根拠は、考古学者たちが箸墓は3世紀ではなく4世紀の築造だといっていたからだ。

歴史学と考古学の関係は、ミステリードラマにたとえれば、「捜査と鑑識」にあたる。捜査側が「被害者が殺されたのは午後6時頃ではないか」と聞き込み等によって推理しても、鑑識が「いや解剖や検査によれば7時以降です」といえばそれに従わざるを得ない。

私も『逆説の日本史』（小学館刊）の第1巻でこのあたりの歴史を書いた頃には、それに従って箸墓を「卑弥呼の墓ではない」としたが、最近はさらなる研究によって築造年代が３世紀、まさに卑弥呼の時代に遡《さかのぼ》ってしまった。そこで平成20年（２００８）に出した『ビジュアル版逆説の日本史』（小学館刊）の第1巻では自説を訂正し、「箸墓は卑弥呼の墓の可能性が高い」とした。

しかし「東遷説」を変えたわけではない。卑弥呼以前は九州にあったと今も考えている。理由は先に述べた通りだ。

ヤマトをなぜ「大和」と記すか

箸墓が卑弥呼の墓とすると最大の問題は、この墓が「ヒミコ」でも「アマテラス」でもなく「オオモノヌシ（オオクニヌシ）」という神の妻である「ヤマトトトヒモモソヒメ」の墓だと伝承されていることだろう。なぜ「始祖」の墓でなく、オオモノヌシの妻の墓なのか？

それを私は次のように考えている。『日本書紀』をよく読むと、天皇家の系統は応神天皇のところで一度断絶したのではないかと思われる。実は専門の歴史学者でもそうみる人は少なくない。すると、それ以降の天皇家にとっては、箸墓は「始祖の墓」ではないことになる。しかし、まさかつぶすわけにもいかないから、「あれは神の妻の墓の一つに過ぎない」という形で、「格下げ」したのではないか。

そして、一方では、新しい王朝の始祖の墓として応神天皇陵を造営したのではないか。だからこそ、応神天皇陵は古墳の中で最大級となったのではないか、いやそうする必要があったのではないか、と考えるわけである。

では、そもそもヤマトという言葉の意味は何か？　それは「山門」であろう。山に囲まれた盆地のようなところ、という意味だ。

発音を問題にする人（大和の「ト」と山門の「ト」の発音が古代は異なったという説）もいるが、他ならぬヤマトタケルが「やまとは国のまほろば」と『古事記』でいっている。それはまさに「盆地」のような場所を指している。

ならば、その「ヤマト」になぜ「大和」という字が当てられたのか？

概略を述べると、日本には「和」というものを重んじる信仰が昔からあった。聖徳太子の十七条憲法も第一条は「和を以《も》って貴《たっと》しとなし」である。つまり日本は「大いなる和」によってできた国というのが、古代人の認識だったのだ。

だから本来は、そうは読めない「大和」を「ヤマト」の当て字としたのである。この点に関しては、先出の『逆説の日本史』の第1巻をお読みくだされば幸いである。

山城国①

山城国《やましろのくに》（京都府南東部）といえば、千年の都「平安京」があったところでもあり、「日本のふるさと」のように思っている人が多いが、実は古代においては必ずしもそうではなかった。

近畿地方の「畿」という文字は、本来「王者の住む土地」を意味するのだが、古代における「畿」とは今でいう奈良県・大阪府方面であっても京都府ではなかった。

その証拠に昔は「山城」と書かず「山背」と表記した。山背とは「山の背」つまり「山の向こう側」ということだ。どこから見て、向こう側かといえば、それは奈良・大阪方面、つまり大和国や河内国から見てのことである。

『万葉集』にも「山背国」はまず出て来ない。応神天皇陵（河内）のような巨大古墳もあまりない。辺境の地だったからだ。もっとも、住民もいない不毛の荒野であったのではない。

この地はどうやら朝鮮半島からの渡来人に与えられたらしい。京都で一番古い祭りといわれる

上賀茂《かみがも》神社と下鴨《しもがも》神社の葵祭《あおいまつり》は、欽明《きんめい》天皇のころ（6世紀）にこの神社が渡来系の賀茂氏によって、創建されたことに遡るという。

一方、もう一つの有力な渡来系氏族秦《はた》氏の本拠もここだ。「秦《しん》」とは古代秦帝国の末裔《まつえい》を名乗る人々で、それが半島の新羅《しらぎ》から日本へ移住してきたというが、特に養蚕《ようさん》の技術を伝えたというので、「秦」を「ハタ織り」にちなんで「ハタ」と読むようになったのだ。

その秦氏でもっとも有名な人物が、6世紀後半から7世紀にかけての秦河勝《かわかつ》であろう。

聖徳太子のパトロンであった河勝は、この山城国の、後に平安京が築かれたあたりを根拠地としていた。河勝の別名「広隆」を寺号に採った、秦氏の氏寺《うじでら》（菩提寺）でもあり、国宝第一号の弥勒菩薩《みろくぼさつ》でも有名な広隆寺は、現在京都市太秦《うずまさ》にあるが、元は京都市の中央部（西京極）にあったものが、平安京遷都の際移転したものである。

ちなみにこの「太秦」という地名も、もちろん秦氏に基づくものだが、その語源は秦氏の先祖が初めて朝廷に絹を献上した際、それが「うず高く」積まれ、それを記念して秦氏が「禹豆麻佐《うずまさ》」と呼ばれるようになったからだと伝えられる。

しかし、「山背国」時代のこの地は、やはり日本の中心ではなく、どちらかといえば開拓地のイメージであった。

大和朝廷が東国開発にあたって、関東平野の未開の地を渡来系氏族（高麗《こま》氏）などに与えたのと同じ（こちらの方が先だが）ことである。

今でいえば政府要人が東京にいて、時々軽井沢の別荘地に行くような感じか。関西地方の人々なら、大阪にいて、しばしば有馬に行くというイメージかもしれないが、そのイメージがまったく逆転する時がきた。

いうまでもなく、平安遷都（794年）である。

なぜ奈良から京へ都を移したか

この遷都、歴史学界の定説では「平城京（奈良）で強くなり過ぎた仏教勢力と決別するために遷都した」ということになっているのだが、私はまったく違う見解をもっている。いわば「井沢新説」だが、学界の通説とはかなり違う。しかし、私はこちらの方が妥当だと思っているので、そのつもりで聞いていただきたい。

まず、平安遷都を断行した桓武《かんむ》天皇だが、この人は今までと血統が少し違っている。

天皇家は7世紀に壬申《じんしん》の乱という大きな「相続争い」があった。これは天智天皇の息子の大友皇子と、天智の弟の大海人《おおあま》皇子が争い、大海人が勝って天武天皇になったというものだが、当然ながらその後天皇は「天武系」に独占された。この天武系の意向の下に元明天皇が平城京、つまり奈良の都に遷都した。平城京というのは天武系の都なのである。

ところが、この天武系が称徳《しょうとく》女帝で絶えた。あの道鏡《どうきょう》との「ラブロマンス」が有名な天皇だが、女帝は結局独身だったため、天武の直系はここで絶えてしまったのである。

そこで復活したのが天智系だ。天智系もまったく滅ぼされたわけではない。女系としては強い力をもっており、元明女帝も一応は天智の娘なのだが、奈良時代は天智系は「つなぎの女帝」にはなれても「男子は天皇になれない」時代であった。しかし、天武の直系が絶えたのでは仕方がない。

それまで粛清されることを恐れ、朝から晩まで酒を飲んでいたという天智の孫白壁王が擁立されて天皇となった。これが光仁《こうにん》天皇である。

光仁天皇は即位した時、かなりの老齢であったので大きな政治手腕は発揮できなかった。しかし、それでも注目すべきは皇后の井上《いがみ》内親王とその所生《しょせい》（子）の他戸《おさべ》皇太子を共に廃していることだ。そしてこの２人は急死し、ここで天武の系統は完全に断絶する。代わって皇太子に指名されたのが、光仁帝と渡来系豪族の娘高野新笠《にいがさ》との間に生まれた子、山部王《やまべのおおきみ》、後の桓武天皇であった。

ポイントは二つある。桓武は天武系とはまったく血のつながりのない純粋の天智系であるということ。そして、渡来系の血を引いているということだ。

中国でも王朝が交代すると首都が移転することがある。人心一新のためだ。私は日本の都が、平城京（奈良）から平安京（京都）へ代わったのは、要するに「天武系→天智系」という王朝の交代があったからとみている。

天武系と天智系との歴史的関係

ところで、京都に泉涌寺《せんにゅうじ》という寺があるのをご存じだろうか？　極めて格式の高い寺で、今は楊貴妃《ようきひ》観音という「美人」の仏像で有名だが、明治以前は皇室の菩提寺であった。明治以降、皇室は公式には仏教の信徒ではなくなり国家神道に専念する形となったが、それ以前は特に葬礼は仏式で行っていたから菩提寺もあったのである。

ところが、この泉涌寺が保管している歴代天皇の位牌《いはい》を見ると、「桓武、その父光仁、その直系の先祖天智」という形で三者は祀《まつ》られているが、天武以下称徳に至る「天武系」はまったく無視されている。つまり「供養」からは除外されているのだ。

しかも、神式の「祭祀」の記録を見ても平安京成立以降は天武系の古墳に対する奉仕がない――これは何を意味するか？　意味するところは明白だろう。

桓武天皇は天武系と決別するために、それまでは都として考えられたことはなかった「山背」の地に、都を移すことにした。

この時、この遷都に協力したのが、前記の秦氏の一族である。平安京の前に遷都の対象となった長岡京の造都長官藤原種継は母が秦氏の出だ。推進者の一人、藤原葛野麻呂《かどのまろ》もそうだ。ちなみに葛野とは、今の京都市あたりの旧地名である。

秦氏は、養蚕だけでなく、農耕、酒造、土木、治水などの先端技術をもっていたので、新都市建設には大いに役立ったはずである。

実は桓武が遷都にこだわったのは、単純に系統が代わっただけでなく、もっと深い理由がある。

それは歴代天皇の中で天智だけが「畿」をはみ出した場所近江国（滋賀県）大津に都を移したこと、そしてこの時代の天皇としては唯一、現在の京都市にあたる地（山科《やましな》）に墓があることと、密接に関係しているのだが、そこまではとても書き切れない。興味のある方は拙著『逆説の日本史　第2巻』（小学館刊）をお読みいただきたい。

山背から山城へと改字した理由

ここでは早良《さわら》皇太子のことに触れよう。早良皇太子は桓武の同母弟で、皇太子に指名された。桓武は初めは「平安京」ではなく「長岡京」へ移転しようとしていた。ところが、この事業がまったくうまくいかない。洪水には二度も襲われ、揚げ句の果てには造都長官の藤原種継まで暗殺されてしまう。

桓武はこれを早良皇太子の仕業《しわざ》だと考えた。そして早良は、「謀反」を企てたという無実の罪で流罪にされる途中、食を絶って憤死してしまう。それ以後、桓武の身辺にはさまざまな不幸が起こり、桓武はこれを早良の祟《たた》りと信じ、「もっと怨霊から身を守れる地に行きたい」と考えたのだ。

そこで、平安京の地が選ばれた。風水説による四神想応《ししんそうおう》の地だからである。

四神とは玄武《げんぶ》、白虎《びゃっこ》、朱雀《すざく》、青龍《せいりゅう》のことで、これがそれぞれ山、道、海（湖）、川を象徴し、また、北、西、南、東の方向も象徴している。

つまり、朱雀の守る南側に湖があり、玄武の守る北側に山があり、白虎の――という形のあるところが、都市としてもっとも縁起よく栄える、当然怨霊の祟りにも強いということになる。

もっとも現代の人々は首を傾げるかもしれない。「京都の南に湖なんてあったっけ?」と。昔はあった。というより、明治維新までは巨椋池《おぐら》という湖クラスの池があったのだ。

明治になって干拓が推進され、まったく昔の面影はなくなってしまった。ひょっとしたら、四神想応の地でなくなったことが京都衰退の原因かもしれない。

ところで、桓武天皇はなぜ「山背」を「山城」と改めたのだろうか？

「背（裏）」ではなくなった、こちらが表だ、という意識は当然だが、なぜ「城」という字にしたかといえば、当時の先進国中国では、都市というものは城壁で囲むのが常識だったからだ。もちろん、安全のためである。

しかし、同じ国内に遊牧民族がいなかった日本は、城壁の必要がなかった。だが、それでは少し体裁が悪いので、桓武は京都盆地を囲む山々を城壁に見立てて、山城と名づけたのであろう。

「山河襟帯自《きんたいおのず》から城をなす」と古書にもある。

山城国②

桓武《かんむ》天皇が延暦13年（794）に都を山城国の平安京に遷して以来、正式には明治まで日本の都はここであった。

平安京を支配する天皇、そして公家《くげ》たちの覇権が奪われたことはあった。12世紀末の鎌倉幕府の成立である。しかし、鎌倉も江戸も、武士政権の「東国の都」であって、日本全体の首都はあくまで「天子の在《いま》すところ」の平安京、つまり京都であった。

日本は、平安文化（貴族文化）が源流としてあったところに、武家文化が対抗勢力として伸《の》し上がってきた国である。これも正確にいえば、武家文化の源流は縄文文化であり、この先住民の支配する日本に、弥生文化をもつ人々がやってきて縄文を圧倒した。

その結果、弥生文化の代表である天皇家が覇権を握ったが、それに対して東国に追いやられていた縄文文化の末裔である人々が、新たに武士という新興勢力となって逆襲し、朝廷の覇権を奪い取った。それが幕府である――。

日本の古代から中世への歴史の流れを、ごく簡単にまとめればこうなると私は考えているのだが、では弥生の流れをくむ平安文化とはどういうものか？

ケガレを極端に嫌った平安貴族

まず第一に挙げられるのは、農耕文化であるから「動物を殺さない」ということだろう。これは「血」というものを「ケガレたもの」とみる感覚につながる。

これが良い方にいけば「虫も殺さぬ穏《おだ》やかな文化」ということになり、悪い方向にいけば「動物や人を殺すことがケガレと見るから差別の対象になる」ということだ。

平安貴族たちは、『古今和歌集』や『源氏物語』など、文学の方面においては日本文化に多大な貢献をなしたが、美点もあれば欠点もあるのが、人間の行動に必ずつきまとう真理である。

彼らの欠点は、日本を統治する政治家でありながら、軍事や治安維持から目をそむけたことであった。

なぜ、そうかといえば彼らの目から見れば、軍隊とは「ただの人殺し」であり、警察は「犯罪というケガレ」に触れるから「悪」なのである。

平安時代は律令制度の時代であった。律令とは中国で生まれた法であり行政制度であるから、平安貴族と違って「軍事」も「警察」も悪とは考えない。だから、律令制度には兵部省《ひょうぶしょう》（軍事部門の省）、刑部省《ぎょうぶ》（警察部門の省）がちゃんとある。

ところが平安時代も中頃を過ぎ、蝦夷《えみし》という異民族の脅威がまったくなくなると、彼ら平安貴族は「ケガレ仕事」である軍事・警察部門から手を引いてしまった。

つまり「自分の手は汚したくない」ということで、軍事・警察部門は長官（卿《きょう》という）の引き受け手がいなくなってしまい、兵部省も刑部省も開店休業状態であった。

「平和を達成するには、まず憲法第九条を守り自衛隊を無くすこと」――日本にはかつてこういうことを声高に叫ぶ人々がいた。ところが、平安時代中期に日本は本当にこれを実行したのである。それどころか警察までなくしてしまった。

その結果、日本は平和で治安の良い国になったかといえば、もうおわかりだろう。国は乱れに乱れた。

地方の人々は国が守ってくれないので自ら武装し、自分の生命財産を守った。これが武士の起こりである。

なぜ武士は京都で台頭したのか

一方、都も警察がいないので無法地帯となったが、たまりかねた貴族たちは都の治安を回復するために律令制度にはない特別警察を設けた。これが「令外《りょうげ》の官（律令にはない官）」の検非違使《けびいし》である。

この検非違使は下級貴族でもなれるというところがミソだ。上級貴族たちは絶対に「自分の手は汚したくない」、したがって刑部卿《ぎょうぶのかみ》になって治安を回復しようという気は、まるでない。

しかし「卿」とは高官で上級貴族しかなれないので、下級貴族でもなれる警察機構をつくって、その場しのぎをしたのである。

ところが軍事部門はさらに成り手がいない。平安貴族にとって「軍＝ケガレ」だからだ。

そこで彼らは国の防衛や治安維持を武士たちに「丸投げ」した。「丸投げ」するということは朝廷には軍事力がまったくないということだ。

だから、逆に武士勢力がその気になれば、易々と日本を支配できることになる。それを実現したのが、平清盛であり源頼朝だ。

ちなみに武士とはもともと極めて低い身分だったが、清盛の父忠盛あたりからその実力を認められ官職を与えられるようになった。

特に忠盛は出世頭で清盛の政権の基礎を作ったが、その忠盛が初めて高官になった時、何に任ぜられたか、おわかりだろうか？

そう刑部卿なのである。

こうした日本の歴史の真の姿に無知な人々が、たとえば「自衛隊イジメ」をする。そうすることが「平和を達成する」ことだと思い込んでいる。しかし、それは差別にもつながる前近代的なケガレ忌避思想に基づくものだということに気がついていない。

もちろん批判は自由だがイジメはいけない。それなのにそれを正義だと思い込んでいる人々は、弥生文化に基づく平安貴族文化の欠点である、ケガレ忌避思想にもっと注目すべきだろう。

日本は、弥生と縄文、貴族と武士の二つの対立する文化が並立している国なのである。だからこそ朝廷と幕府が併立するという、他の国にはない状態も生まれる。

なかなか納得していただけないかもしれないが、このあたりは拙著『逆説の日本史』の第1巻から第5巻にかけて詳しく書いたので、興味のある方はご覧ください。

“お茶漬け”から窺える京の礼儀

ところで、二つの文化が並立しているということは、まじり合う部分もある。その典型的な例をご紹介しよう。それは京都の「ぶぶ漬《づ》け伝説」である。

「ぶぶ漬け」とはいわゆる「お茶漬け」のことだが、要するにこれは京都で人の家を訪ねた時、必ず「ぶぶ漬けどうどす（お茶漬けでも召し上がって行きませんか）」といわれるが、絶対に受けてはいけない。受けたら最後「あの人は礼儀を知らん」と散々悪口をいわれるというものだ。

これは（京都の人は否定するが）本当の話である。私にも何人かが証言してくれた。ただし「お茶漬け」ではなく「マンジュウ」であったケースもあるが、結論は同じである。

つまり「誘う側」には、もともと（たとえ食事時であっても）出す気などないのである。よほど親しければ話は別だが、単なる客にそこまではしない。しかし、それでも「誘う」のが「礼儀」であり「文化」であるという考え方があるのだ。

だからこそ「誘われた側」もその「文化」を察して必ず断らなければならない。「誘ったからOKといったんじゃないか」などと思うのは、「文化を知らない野暮天」ということになるわけだ。

ひょっとしたら、これを読んだ「あなた」は京都人とは実に嫌な人間だと思ったかもしれない。

しかし、それならば「あなた」に問う。「あなた」は知人に転居通知を出す際に次のような文言を書き添えたりしないか？

「お近くにお越しの節はぜひお立ち寄り下さい――」

もしそれを受け取った人間が、この言葉を額面通りに受け取って、次々とやってきたらどうするか？　もちろん、ごく親しい人々ならかまわないかもしれないが、「知人」程度の人についても転居通知は出すだろう。そういう人々まで来てしまったら困るはずだ。

現に、私の知人の「ガイジン」さんは、日本に来たての頃こうした通知をまともに受け取り、本当に「立ち寄って」嫌な顔をされたという経験をした。

契約書を交わさない日本の文化

実はこの「ガイジン」さんは、青い目の白人ではなく韓国人である。日本と韓国の間に様々な問題があって、私はその多くは韓国の余りにも極端な反日教育が原因だと主張する者だが、もちろん日本人にも悪いところがある。

それはこの部分で、日本人は無意識のうちにこうしたことを常識だと思っているが、海外では（これはアジアであろうがヨーロッパであろうが変わりないが）、「そう書いた」のなら「額面通り受け取る」ことの方が常識だ。だから海外では、このことが「日本人はウソつき」と誤解される有力な原因になるということだ。

誤解しては困るが、外国にも「社交辞令」という言葉はある。しかし、それはまさに「外交」など一部の分野に限定される。なぜかといえば外国は基本的には契約社会であって、「紙に書いたことは実行する」という世界だからだ。

逆に日本は相当重要なことでも口約束で済み、いちいち契約書を作ったりしない。異民族との交渉もほとんどなかったからこそ、こうした文化が発達したのだろう。

『「ＮＯ《ノー》」と言える日本』という本が昔、ベストセラーになった。なぜベストセラーになったかといえば、それは日本人の多くが「ＮＯ」といえないからである。そして、その「文化」の源流は京都の平安文化にある。

たとえば京都で女性を口説いて、「おおきに」と返事されたとしよう。「おおきに」は標準語では「ありがとう」だ。では「ＹＥＳ《イエス》」なのかといえば、それはまた別なのである。その人間がキライでも「ＮＯ」とはいわず「別の言葉」で返す、それが「文化」なのである。

まだ京都人はイヤな奴だと思いますか？　でも、外国からみれば日本人は「ＮＯと言えない」民族なのだから、実はわれわれには多かれ少なかれ「京都人」が入っている。「転居通知」はまさにその証拠だ。

そういう意味で、京都はまさに日本の源流なのである。

河内国

河内国《かわちのくに》は現在の大阪府南東部にあたる。

山城、大和、和泉、摂津、紀伊に接し、古くから開けた土地であった。

国府は現在の藤井寺市に、国分寺は現在の柏原《かしわら》市にあったらしい。

藤井寺市といえば、その地名の由来となった葛井寺（ふじいでら）は、神亀2年（725）開創と伝えられる古刹《こさつ》である。どうやら百済系渡来人の葛井氏の氏寺だったらしい。

この寺の本尊である十一面千手観音は奈良時代のもので、しかも日本でも7体しかない国宝指定の十一面千手観音である。それだけ見ても、この地方の歴史の古さがわかろうというものだ。

しかし、古代において河内国における最大のトピックは、日本最大の天皇陵がこの地に造営されたことだろう。

それは古市古墳群（羽曳野《はびきの》市、藤井寺市）である。

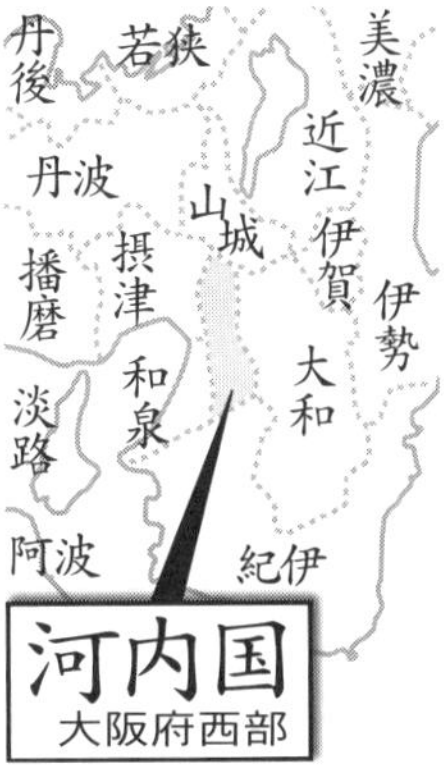

その中核をなすのが、「応神天皇陵」として伝えられる、誉田御廟山古墳《こんだごびょうやま》だ。この古墳は墳丘の長さ（425メートル）こそ、第一の大山古墳《だいせん》（仁徳天皇陵と伝えられ、墳丘の長さは486メートル　隣国和泉国《いずみのくに》にある）に譲るものの、全体の体積、堀の深さ、完成度の高さでは優っている。日本第一の古墳といっても間違いはない。

そして、わずか10平方キロメートルの範囲内に、墳丘の長さ200メートル以上の最大級の前方後円墳が6基もあり、それを含めて全体（円墳・方墳も含め）123基もの古墳がある。もちろん、破壊されてしまったものはこれに含まないから、古墳の密度では日本最高ともいえる地域である。

応神天皇も、10キロメートル隣の大山古墳の主とされる仁徳天皇も、中国の史書に見える「倭の五王」に比定される。おそらくはこの時代に、天皇家の力が飛躍的に増大したのだろう。想像をたくましくすれば、これは「大国日本」を、中国や朝鮮に示すための「ランドマーク」だったのかもしれない。

海の向こうからくる海外の使者たちは、まず大阪湾外の船上から「仁徳陵」を見て、その巨大さに度肝を抜かれ、上陸して都のある内陸部へ向かうときに、「応神陵」を見て驚嘆するという仕掛けである。

そんな想像をするのも、実は内陸の政権の「副都」でもあった難波宮《なにわのみや》からこの地域を通って奈良盆地へ向かう古代の街道があったからだ。竹内街道《たけのうち》という。

現在の地名でいえば、大阪府の堺市から東へ向かい羽曳野市を通って、古代史ファンにはおなじみの二上山《ふたかみやま》を越えて、奈良盆地へ至る。

つまり、「仁徳陵」→「応神陵」→「二上山」→「飛鳥」ということだ。

なぜ一の宮の決定が遅かったか

しかも、この「飛鳥」は昔は二つの地域を指す言葉であった。日本で最も古い文献の『古事記』の中に、現在の飛鳥（村名は奈良県明日香村）は「遠《とお》つ飛鳥」であり、まさに応神陵のあたりが「近《ちか》つ飛鳥」と呼ばれていたことが記されている。

これは難波（海の方）から見ての遠近でいっているらしいが、おそらく「アスカ」という言葉には単なる地名ではない、特別な意味があったのかもしれない。

ちなみに、なぜ「飛鳥」と書いて「あすか」と読むかといえば、「あすか」にかかる枕詞が「飛ぶ鳥の――」だからである。従って「飛鳥」は、本来は「あすか」という言葉の意味を直接に表すものではないのだ。

最近は「近つ飛鳥」のことをもっと知ってもらおうと、南河内郡の河南町には「近つ飛鳥博物館」（大阪府立）が建設されている。

ところで、神社の方だが、河内国の一の宮は今では東大阪市の枚岡《ひらおか》神社ということになっている。それがはっきり決まったのは中世になってからだ。この枚岡神社はアメノコヤネノミコトを祭神としている。アメノコヤネといえば藤原氏の祖先神で、実は奈良の春日大社もここから勧請《かんじょう》（分霊）されたものだ。

一方で葛井氏の氏寺があり、その一方で藤原氏（中臣氏）の祖先神も祀られている。おそらくこの河内国は先進地帯で、様々な豪族が覇権を争っていたが、最終的に藤原氏が中央を抑えることで、一の宮をどこにするかが決まったのではないか。

通常、一の宮というものは地元豪族の祖先神が祀られ、古代から決定しているものなのだが、この国に限ってそうではないのは、今述べたような特別な事情があったと、推察されるのである。

称徳女帝と道鏡との関係は？

平成22年（2010）は平城建都1300年の節目の年だが、平城京（奈良）の都の歴史には、その最後のところで、河内国出身の大物が登場する。

称徳女帝との「密通《みっつう》」を噂される弓削道鏡《ゆげのどうきょう》である。

称徳天皇は、はじめ孝謙《こうけん》天皇といったが、奈良の大仏を造った聖武天皇と、藤原氏出身で初めて皇后となった光明皇后の一人娘であった。実は、男の子も生まれたのだが、早くに亡くなってしまう。

こういう場合、通常なら天皇と皇后以外の女性との間に生まれた男の子を、後継者とする。ところが、藤原氏が自分の血筋を引いた天皇を擁立することに拘わったため、ついに聖武天皇は他に男子をもうけることができず、一人娘の彼女が女性皇太子から天皇になったのである。

こうなると彼女は結婚できない。ちょうど身分に釣り合う皇族の男子がいなかったのである。

このことから彼女は、初めは藤原仲麻呂と道ならぬ関係をもち、それに飽きた後は僧侶である道鏡（弓削氏の出身なので、通常は弓削道鏡というが、本来僧侶は姓を捨てる）と密通を重ねた、というのがこれまでの通説であった。道鏡絶倫説があり、下品で恐縮だが道鏡巨根説というのもあった。いずれも女帝と道鏡が道ならぬ関係であったという前提がある。

実は、私はこれはデッチ上げだとみている。

女帝は理想家肌で、だからこそ有能で高潔な道鏡を信頼し、天皇の位すら禅譲《ぜんじょう》しようとした。禅譲とは中国で理想とされる権力の継承の仕方で、血縁関係がなくても徳の有る者（有徳者）へ最高権力者の地位を渡すことだ。結婚できなかった女帝には子はいないし、一度は皇族の中から後継者を選んだが（淳仁《じゅんにん》天皇）、藤原仲麻呂に操られ反乱を抑え切れなかった。

そこで女帝は一度退位していたが帝に復帰し、淳仁帝は廃帝《はいたい》とし仲麻呂の乱を鎮圧した。だから彼女は孝謙天皇と称徳天皇という二つの名をもっている。そうした経緯から彼女は身内に絶望していたのである。だから高徳の人物を「天皇」にすれば、世の中はうまく収まると考えたのだろう。しかし、結局彼女は死に、それまで冷飯を食わされていた「壬申《じんしん》の乱の負け組」天智《てんじ》天皇の子孫に皇位が行く。この流れの中で、女帝がいかに「不徳」であったかを強調するために、このような「伝説」がデッチ上げられたに違いない。

女帝の死後、道鏡は左遷（実質上の流罪）となったが、もし密通が本当なら、道鏡は破戒僧として僧から俗人に戻されたはずだ。しかし、そうではない。これも「称徳密通説」がデッチ上げであることの何よりの証拠だろう。

河内国出身の名将、楠木正成

ところでこの地に住み、この地を愛し、多数の作品を発表した作家に司馬遼太郎と今東光《こんとうこう》がいる。特に司馬遼太郎の旧宅は現在「司馬遼太郎記念館」となっているが、根っからの大阪人であった司馬遼太郎が、この河内の人々の「ケンカの強さ」をエッセイで讃えている。「ケンカする時は、河内弁を借用」したそうだ。このケンカに強い河内人の代表が楠木正成《くすのきまさしげ》だという。

鎌倉時代末期、幕府を倒すために立ち上った後醍醐天皇を助け、幕府十数万の軍勢を千早赤阪の山城群で僅かな軍勢で迎え撃ち、得意の山岳ゲリラ戦に持ち込んで翻弄《ほんろう》し、ついに倒幕の流れをつくった名将である。

この「忠臣」楠木正成の行動哲学が、主君への絶対の忠誠を説く朱子学であることを、早くから指摘したのが他ならぬ司馬遼太郎であった。ところが、学者は「史料的裏付けがない」と司馬説を攻撃した。司馬遼太郎は「正成の行動こそその証拠ではないか」と反論した。

今、それは常識となっている。正成の行動哲学が朱子学であったことだ。別に新しい史料が発見されたわけではない。反対していた人々がいつの間にか口をぬぐい、司馬遼太郎の業績を無視して「そんなことは初めからわかっていた」という形で、「認めた」のである——。

楠木正成は、後醍醐天皇の「建武の新政」を一度は成功させ、生まれ故郷の河内国の国司と守護を兼ねるという、晴れがましい地位を得るのだが、後醍醐天皇という人が武士というものの必要性を認めていなかった人だったので、結局、足利尊氏に逆転を食らうことになる。

このあたりの事情は拙著『逆説の日本史　第7巻』を見ていただきたい。ひとつだけ述べておきたいのは、今も皇居前広場に、楠木正成の巨大な銅像があることだ。

あれは明治になって建立されたもので、「忠臣」なのだから何の問題もないように見えるが、今の天皇家は北朝の子孫で正成はそのライバルの、つまり北朝を滅ぼそうとしていた南朝の忠臣なのである。

つまり、あれはよく考えてみると、イギリスのトラファルガー広場に、フランスのナポレオンの像があるようなものなのだ。なぜか？　それが日本なのだ。「北朝を倒す」という願いを達成できなかった正成を、銅像として祀ることによって、善なる神へと転化させるという発想である。

それを考えれば、東京の鬼門（北東の方向）にあたる上野の山に、西南戦争で「賊軍の大将」とされた西郷隆盛の像が建てられている意味もわかるだろう。ちなみに、西郷は「賊徒」として生涯を終わったので、未だに靖国神社には祀られていないのである。

近代に入ってからの河内は、男のキップの良さを尊ぶ土地柄だった。この地へ天台宗の寺の住職として赴任し、「河内音頭《おんど》」に代表される人情・風土を小説作品に描いたのが前記の今東光だ。今東光は後に天台宗大僧正となったが、その代表作『悪名《あくみょう》』は映画化された。そして勝新太郎・田宮二郎の名コンビが好評でシリーズ化され、人気を博した。

和泉国

和泉国《いずみのくに》（大阪府南西部）を語るには、まず訪ねるべき神社がある。泉井上神社《いずみいのうえ》（和泉市）である。なぜ、そうなのかといえば、この神社のあたりに豊富に湧き出た「泉」が、和泉国の名の起こりだからだ。

現在でも、その源泉の一つが境内に残っており「和泉清水」と名づけられている。

この神社の起源は、かの神功皇后《じんぐう》が「三韓征伐《さんかんせいばつ》」へ向かう途中に、この地を通ったところ一夜にして湧出したということにある。伝説はともかく、この地が太古から開かれた土地であったことは間違いない。

いわゆる「仁徳天皇陵」もここにある。

「いわゆる」といったのは、日本の天皇陵は国家（宮内庁）が、学問的水準の低い昔に決められたものをそのまま踏襲しているからで、中には明らかに年代の合わないものもある。そこで考古学の世界では「伝《でん》仁徳陵古墳（仁徳天皇陵と伝えられる古墳）」とか、地名をとって「大山古墳《だいせん》」などと呼ぶようになった。

とにかく日本の「天皇陵」は発掘が未だに許可されず、天皇陵でないとされたものでも「陵墓《りょうぼ》参考地」などという不可思議な「指定」がなされ、結局調査すらできなくなっている。

たとえば、邪馬台国の女王卑弥呼の墓ではないかという学説もある奈良県の箸墓《はしはか》古墳（ヤマトトトヒモモソヒメノミコトオオイチノハカ）も「陵墓参考地」という「網」をかけられ、本格的な発掘も調査もできない。これは天皇陵ではないのだから、詳細な調査をするべき時期がすでにきているのではないか。

とにかく、箸墓が最古級の前方後円墳だとすると、この大山古墳と、隣の河内国の応神天皇陵（かもしれない）とされる誉田御廟山古墳は、日本最大級の古墳である。いや、底面積なら世界最大といっても過言ではない。

大山古墳の長さは486メートルあり、誉田御廟山の方は425メートルしかないので、一応「大山」が日本一ということになっているが、土を盛り上げた本体の容積の大きさで比較すると、誉田御廟山の方が大きいのではないかという見方もある。いずれにせよ、大和朝廷の最盛期を象徴する古墳群であることは、誰しもが認めるところだろう。

では、その古墳群がなぜ和泉国周辺にあるのか？　ここが古代における首都だったのか？

いや、それはやはり飛鳥であり難波《なにわ》（大阪）だったのだろう。今でもそうだが、都市のど真ん中には墓は造らない。

ここが「王者の眠る地」に選ばれたのは、前にも述べたように大阪湾を目指して外国から入ってくる船に見せるためではなかったか？

海岸線が、今とどれぐらい違ったかを計算しなければはっきりしたことはいえないが、この古墳は頂上を中心に葺石《ふきいし》で覆われていた。つまり今の印象とは大きく違って、近代的なビルのような印象を与えただろう。それは日本の国力がいかにすごいかという自慢でもある。

日本は文明度の点では中国、朝鮮の後塵を拝していたかもしれない。しかし、朝鮮半島にも中国にすら、こんな大規模な墓はない。中国の皇帝陵とは形式が違うから一概に比較できないが、それでもこれだけのものが造れるかと中国の使節すら目をむいたはずだ。

つまり国威発揚が、ここに墓を造営した目的ではなかったか？

というのは、和泉国略して泉州《せんしゅう》といえば反射的に出てくる言葉があるからだ。もちろんそれは堺、それも堺の港のことである。

ヨーロッパにも知られた港町堺

堺とは「境界」を示す言葉だが、これは摂津国から河内国が分離し、その河内国から和泉国が分離したことに基づく。つまり、その三国の「境界」に堺があるというわけだ。

もっとも、堺が国際貿易港として有名になるのは室町時代からである。その直前の南北朝時代に、南朝が北朝に対抗してこのあたりを港として活用するようになった。

それまで、都の周辺で中国との国際貿易港といえば、平清盛が一時遷都した福原（神戸）であった。神戸は現在も日本を代表する港だから、ひょっとしたら南北朝の対立がなければ堺は港町として有名にならなかったかもしれない。

もちろん、昔から大阪湾に入る船は必ず堺の近くを通ったのである。だからこそ大和政権は、この地に巨大墳墓を造ったのではないかと思うのだが、その時代の外国船は堺という港を知らなかった。

だが、難波に極めて近いこともあり、堺は室町時代以降福原に代わって中国との貿易（日明貿易）で栄えるようになった。

そして、戦国時代になると、スペインやポルトガルの船までもが、この地にやってくるようになった。

日本へキリスト教布教のためにやってきたイエズス会の宣教師ガスパル・ヴィレラが本国ポルトガルに送った報告書「耶蘇《やそ》会士日本通信」の中で「堺の町は広大で商人が多数いる。まるでベニスのように自治を行い、執政官によって治められている」と書いたため、早くからヨーロッパに名が知られるようになり、地図にもその名が載るようになった。

ちなみに、この時代九州の長崎はほとんど知る人のない一寒村であった。九州の国際貿易港は、むしろ平戸の方であった。しかし、それ以上に堺は栄えた。

堺の発展の要因に鉄砲があった。

鉄砲が戦国時代を変えたこと、そしてそれが最初は九州の種子島《たねがしま》に伝えられたことは、誰でも知っている。この時代は「種子島」というと鉄砲のことを指した。
ところが、その鉄砲は後に堺の特産品として有名になる。これは一体なぜだろうか？

堺の港が栄えたもう一つの理由

実は鉄砲を初めて買い取った種子島時堯《ときたか》は、これをせっかく自分のところでコピーし、日本製の鉄砲を作ることに成功しながら、そのノウハウをすべて堺の商人に与えたのである。それも手数料ぐらいはもらったかもしれないが、千金を得たという記録はない。いわばタダ同然で「くれてやった」のである。

では、なぜそんな「もったいない」ことをしたかというと、鉄砲は刀鍛冶の技術で作ることができても、火薬ができなかったからだ。火薬がなければ鉄砲はただの鉄の塊に過ぎない。

火薬、黒色火薬は木炭と硫黄と硝石《しょうせき》（硝酸カリウム）を混合して作る。材料さえあれば作るのは簡単だが、日本ではこの硝石が鉱物資源としては産出しない。化学的に合成する方法もわからない。

つまり海外の、それもスペイン、ポルトガルの商人とコネをつくって輸出してもらわないと、鉄砲を活用することができないのだ。

大友宗麟《そうりん》や有馬《ありま》晴信など九州の大名が熱心なキリスト教徒になったのも、宣教師が定着すれば貿易船がやってくるからだ。大友宗麟が日本で初めて大砲を作ったのも偶然ではない。織田信長がキリスト教を保護したのもそのためである。つまり国際貿易港がなければ、鉄砲は使おうにも使えない。

それを知った種子島時堯は、輸入ルートを確保するために鉄砲作りのノウハウを提供したのだろう。信長が堺を征服し自分の支配下に置いたのも、堺が単に「金のなる木」であるだけでなく、硝石の輸入ルートの独占をはかるためだったのである。

このために堺の堀は埋められ、浪人を雇うこともできなくなった。つまり自治の条件である自己防衛ができなくなったのだ。武装と自治は両輪の関係にあることを、16世紀の堺の歴史はわれわれ平和ボケの現代日本人に教えてくれている。

千利休、与謝野晶子らの出身地

ところが江戸時代には、この堺の港町としての繁栄は失われた。鎖国のせいではない。大和川を開削したため多量の土砂が流れ込むようになり、水深が浅くなって港としては機能しなくなってしまったのだ。

それでも堺商人は、古来の住吉大社の門前町の一つとして、栄え続けた。

茶道の開祖千利休も、その師の武野紹鷗《じょうおう》も堺の豪商の出であった。武野は皮革業で利休は魚屋だったという。いずれも「殺生」を業とするため、以前の時代では蔑視されていた階層である。

それが織田信長に見出され世に出た。私は、信長の後継者豊臣秀吉と利休の対立は、信長の革新路線をどれぐらい忠実に継ぐかというところにあったと思っている。

その堺の商人の伝統文化の中から生まれたのが、歌人与謝野晶子である。

名詩「君死にたまふことなかれ」の一節に「堺の町の商人《あきびと》の」とあるように、彼女も豪商の家に生まれ、与謝野鉄幹との愛に生きた。

「その子二十《はたち》　櫛に流るる　黒髪の　おごりの春の　美しきかな」「鎌倉や　御仏なれど　釈迦牟尼《むに》は　美男におわす　夏木立かな」あたりは教科書にものっている。歌人として詩人として近代の詩歌に大きな足跡を残した。

歴史上愛に生きた奔放《ほんぽう》な女性としては、平安期の女流歌人和泉式部が有名だが、この女性は夫が和泉守（和泉の国司）をつとめたからそう呼ばれただけで、和泉国の生まれではないらしい。

一方、最近は女性ファンも多いという陰陽師安倍晴明《あべのせいめい》は、その父と和泉国の信太《しのだ》の森の女狐との間に生まれたという伝説がある。

「恋しくば　尋ね来てみよ　和泉なる　信太の森の　うらみ葛の葉」は正体を知られた女狐が、夫と子に与えたメッセージと伝えられている。

摂津国

摂津《せっつ》の語源は今一つ定かではない。

「摂」には「摂政《せっしょう》」（国王代理）のように、「治める」という意味があり、「津」は港を意味するから、「摂津」とは港を管理する者（あるいは地域）という意味になる。これが一番近い語源かなと思うのは、摂津国は大阪府北西部、沿岸部と兵庫県東部つまり神戸あたりを含む地域だからだ。

現在でも大阪港、神戸港は大きな港であるが、これに武庫《むこ》水門と加えて三津《さんしん》となし、「外国」から「日本」への入り口とみなしていた時代があった。

大阪港のあたりは昔は浪速《なにわ》といったが、この地名は初代の神武天皇が即位前の「東征」のおり、九州から瀬戸内海を経てこの地に入ったとき、湾内の浪（波）があまりに速いので「浪速」と呼び、のちにこれを難波と書くようになったという。ちなみに現在の大阪ではこれを「ナンバ」と読む。

難波《なにわ》が日本の表玄関であったことは、既に述べたようにこの地区の南に広がる巨大な前方後円

墳を見てもわかる。

最大クラスの伝・仁徳陵（大山古墳）や伝・応神陵（誉田山古墳）は隣の河内国や和泉国だが、伝・継体天皇陵（太田茶臼山古墳《おおだちゃうす》）は摂津のうちだ。

しかも、その仁徳や応神が都を置いたのは難波のうちだった。難波宮である。

少し後の飛鳥時代に、蘇我氏と物部氏《もののべ》が仏教を日本に入れるかどうかで争ったとき、蘇我方の聖徳太子は「もしこの戦いに勝たせていただけたら、必ずあなた様方を祀《まつ》る寺を建立します」と祈ったという。

祈った相手は仏法を守護する四天王である。その祈りが通じたのか、味方の一兵士がものの見事に敵の大将物部守屋《もりや》を射落とした。

感激した太子は、この地に大寺を建てた。それが「日本仏法最初」の四天王寺である。四天王寺の門は西方極楽浄土の門と正対しているといわれる。昔から、この門が面している茅渟《ちぬ》の海（大阪湾）は夕日の名所で、鏡のような水面に巨大な日輪が沈んでいく様は、日本の他の地方では見られない雄大な風景である。

また、四天王寺は聖徳太子佩用《はいよう》と伝えられる「七星剣」など両刃の名刀を伝えている。これは刃面に北斗七星を彫り込んだ見事な出来栄えで、国宝に指定されている。

難波は日本の玄関口であった。

外国の使者を乗せた船は、波静かな大阪湾に入ると、巨大な古墳と壮大な寺院をまず目にしただろう。おそらく四天王寺の塔はかなり遠くからでも見えたに違いないし、古墳も現代のように木が茂っていたわけではない。

今の神戸市にある五色塚古墳（播磨国）のように、まるでタイルを貼《は》りつめたドーム建築のように見えただろう。

巨大モニュメントを造る力とは、すなわち国民の動員力と財力があるということで、それは軍事的にも強国であることを示しているのである。

もちろん、これは偶然ではなく、最初からその効果を狙っていたのだろう。

そのうち日本の表玄関は九州の大宰府に移り、都は内陸の飛鳥・奈良に移転するが、それでも難波宮は一種の「副都」として長く使われた。

大化の改新（645年）で活躍した中大兄皇子《なかのおおえのおうじ》（後の天智天皇）も、飛鳥と難波を行き来していた。

人々の記憶から消滅した難波宮

ところが、それほど大きな意味をもっていた難波宮が、中世になるとまったくどこかにあったかわからなくなった。現在、難波宮跡は大阪の中心部で発掘され、史跡公園となっているが、それは近代に入ってからのことだ。

かつて都があった藤原京も、中世には跡形もなくなったが、それでも人々は藤原京がどのあたりにあったかを知っていた。「飛鳥宮もしかり、なぜなら天の香具山や法隆寺のような「目印」があったからだ。

しかし、四天王寺という大寺がその後ずっと残ったにもかかわらず、難波宮の位置については、たとえば江戸時代の人間はまったく知らなかった。

なぜ、そんなことになったのか?

それは逆説的にいうと、首都としての条件が備えられ過ぎているからだ。

海に面した広大な平野がある。平野はしばしば水不足に襲われるものだが、琵琶湖という巨大な貯水をもっているので、その心配はまったくない。水が豊富ということは作物も盛んにとれるし、多数の人口を養う町もできるということだ。

しかも、その巨大な湖から川を伝って海まで水路が開けているということでもある。昔は大量の荷物は水路で運ぶしかなかった。水路といえば天然の大運河というべきなのが瀬戸内海で九州や中国、四国地方の産物を、波少なく航行が比較的安全な内海で運べる。

外洋に出た船は大嵐にあえば逃げ場がないが、瀬戸内海なら陸地にも島にも退避する場所はいくらでもある。すなわち輸送のロスが極めて少なく、安定した物流を保つことができるのである。

世界的に見てもこんなに良い条件に恵まれた「首都」はない。パリには海がないし、ローマには水がない。だから古代ローマ人は大汗をかいて水道を造らねばいけなかった。そうしないと多くの人口を養えないからだ。

ところが、難波宮は歴史の渦の中に消えてしまった。

簡単にいえば、日本という国が孤立した島国であり、その上に海外との交流を制限したことによって、難波というインターナショナルな地に首都を置く意味が失われたからだ。

「鎖国」というとすぐに江戸時代が連想されるだろうが、平安時代の中期以降も遣唐使が廃止されていた「国風文化」の時代である。われわれがふつうにイメージする公家文化はこのときに形成された。『古今集』も『源氏物語』もそうだ。この時代、日本は「平安京」という山に囲まれた盆地にあり、まさに「日本一国主義」のカラに閉じこもっていた。

カルタゴやフェニキアのような大通商国家だったら、難波はそのまま大都会になり首府であり続けただろうが、時代の流れはかつてここに都があったという記憶さえ消していった。

こうして中世に至るまで、摂津国の中心部あたりには四天王寺以外何もないという、今から思うと考えられない状況が続いた。

大坂を舞台にした「石山合戦」

その状況を変えたのが、親鸞《しんらん》の子孫で本願寺中興の祖である蓮如《れんにょ》（1415～1499年）である。

蓮如はこの地の、特に交通の利便性に目をつけ、石山御坊を設立。一向宗布教の一拠点とした。ちなみにそれまでこのあたりは「小阪《おさか》」といったが、これを「大坂《おおさか》」と呼ぶようになったのは蓮如がそう呼んだからだといわれている。

石山の地は本来は本願寺とも宗祖親鸞とも無関係だった。本願寺はその頃は親鸞の墓所がある京郊外の山科《やましな》にあった。ところが、一向宗に反対する法華宗徒によって、この山科本願寺が焼き討ちにあい壊滅してしまった。

そこで、この苦い経験にこりごりした本願寺はこの地に絶対に焼き討ちにあわないような、堅固な城構えの寺を造った。これが戦国最強の「城」ともいわれた石山本願寺である。

本願寺の周囲には、それを支える町が造られ、その町自体も堀と塀《へい》で囲まれた堅固なものだった。これが寺内町《じないちょう》と呼ばれるもので、一種の城下町である。

この大坂の都市としての可能性に着目したのが、天才武将織田信長であった。信長は本願寺に対し、この地を明け渡すように申し入れたが、本願寺はせせら笑ってこれに応じず、結局11年にわたる大攻防戦となった。

世界でも有数の経済の先進地域

ここで多くの人々が、学者や文化人ですら信長を誤解しているので一言弁護しておく。まず信長が比叡山延暦寺《ひえいざんえんりゃくじ》や一向一揆を攻撃したのは、この当時宗教団体同士のテロが絶えなかったから、それを根絶するためだ。

現に本願寺ですら山科から石山に移転したのは宗教テロのためなのだが、このことを知らない人が多過ぎる。信長は、宗教団体にこういうテロをやめさせるために攻撃したのであり、その証拠に本願寺もそうだが武装解除に応じた後は、布教の自由はすべて認めているのである。

それに石山という土地は、パレスチナやメッカなどとは違い、それ自体「聖地」というわけではない。だから代替地を与えるから立ち退けということは不当な要求とはいえないのである。信長は11年かかって、本願寺を屈服させ退去させた。おそらく安土から大坂へ移転して、新しい本拠地とするつもりだったろう。信長政権は、大航海時代のまっただ中のインターナショナルな政権だからだ。

しかし、本能寺《ほんのうじ》の変で倒れ、その遺志は豊臣秀吉が継いだ。本願寺の退去した後に、東アジア最大ともいうべき大坂城を築いたのだ。

だが、その秀吉政権が「唐入り《からいり》（朝鮮出兵）」という拡大政策に失敗すると、再び日本は内にこもる時代に入り、徳川家康が江戸に首府を置いたこともあって、大坂は再び「地盤沈下」した。

ただ、国内物資の集積地となって、「天下の台所」となったことは特筆すべきだろう。この時代、大坂では世界初の穀物（米）の先物取引が行われ、手形も小切手も使われていた。ロンドンやシカゴよりも百年も早い、経済の先進地域だったのである。

明治維新の時、それが再びインターナショナルな時代であったためか、大坂を首都にしようという機運が盛り上がったことがある。このとき「坂」の字は「土に反る《かえる》」から縁起が悪いと、「大阪」に改められたのだが、首都にはならなかった。

江戸（東京）より条件の良い大阪を首都にすると、東京がさびれてしまうことと、北海道開拓のためには大阪が西に寄り過ぎているという判断があったようだ。

都市にも様々な運命があるということか。

第二章

山陽道

播磨国　備後国
備前国　安芸国
備中国　周防国
美作国　長門国

播磨国

播磨国《はりまのくに》は、山陽道の東の端で畿内（都周辺）と山陽道をつなぐ架け橋にあたる部分であり、現在の兵庫県南西部（淡路島を除く）がそれにあたる。

古くから開けた土地であることは間違いなく、このエリアにある明石市から、アマチュア考古学者直《な》良《おら》信夫によって「明石原人」の骨が採集されたことでもそれは立証される。もっとも最近これは、旧石器時代のものではないという説も唱えられているが、とにかく太古の昔から人類の住処《すみか》であったことは間違いない。

大和朝廷が生まれたころは、都から西国への回廊として、さらに重要視されたらしく、最近になって葺石《ふきいし》が往時のままの形で復元された五色塚古墳（※神戸市は播磨国と摂津国からなる）や玉丘古墳（加西市）など、巨大な前方後円墳が少なくない。そして、この時代の遺跡として特筆すべきものは、「石乃宝殿《ほうでん》」であろう。

日本三奇、石乃宝殿の正体とは?

石乃宝殿とは高砂市にある生石《おうしこ》神社の御神体であり、高さ5・7メートル、横幅6・4メートル、奥行き7・2メートル、推定重量500トンの直方体の岩なのだが、背後の一面は岩山に接続しており、床面は何と地上から浮き上がっていて、下に池がある。

直方体といったが、厳密には一部に屋根の破風《はふ》にあたる部分がある。

つまりこれは、巨大な石の宝殿を山から削り取ろうとして中止した跡のようなのだ。

神社の社伝では「神代の昔オオナムチとスクナヒコナの二神が、国土を鎮めるのにふさわしい石の宮殿を造営しようとしたが、地元の神の妨害にあってついに完成しなかった」と、述べている。

まず間違いなく、古墳その他の石室として切り出そうとしたものが、何らかの理由で中止となったものだろう。もちろん、このような遺跡は日本にここだけしかない。

江戸時代に「日本三奇」といえば、「日向国の天の逆鉾《さかほこ》」「陸奥国の塩釜《しおがま》」そして「播磨国の石乃宝殿」のことであった。江戸時代には、「観光名所」として見物にくる客もいたらしい。ちなみにJR山陽本線には、これにちなんだ宝殿という駅がある。

そして、この神社のある高砂市は、謡曲「高砂」のふるさとである。本来は能の台本である謡《うたい》をまったく知らない人でも、時代劇でよく祝言《しゅうげん》(結婚式)で歌われる「高砂や　この浦船に帆を上げて――」という節は耳にしたことがあるのではないか。

これは高砂にあった相生《あいおい》の松という夫婦松の精が、住吉の神によって祝福されるという筋なので、縁起がよいと祝言の席の定番になったのである。

余談だが、日本では昔は「神前結婚式」も「仏前結婚式」もなかった。これが始まったのは明治になってキリスト教式の結婚式に対抗するためで、ふつうの結婚式は町人であろうと公家、武士であろうと、「人前結婚式」があたり前だった。

黒田氏の変わった成り上がり伝説

飛鳥、奈良時代を経て平安時代に入ると、都に近いためか荘園が多く設立されるようになった。特に法隆寺、東大寺の荘園が多く、揖保《いぼ》郡には斑鳩《いかるが》寺がある。

実は奈良の法隆寺も別名「斑鳩（鵤）寺」というのだが、この揖保郡の寺はもともと奈良の法隆寺の子院で、播磨国内の寺領（荘園）を管理するために建てられた。つまりそれだけ法隆寺領がたくさんあったということだ。

それが武士の時代、すなわち鎌倉時代以降になると、やはり都に近いということから重要視され、幕府の直轄地となったが、そのためか鎌倉末期には中央の管理が行き届かず、「戦国」状態となった。

こうした中から「悪党」と呼ばれる新興武士団が台頭し、室町幕府成立時には、赤松円心《えんしん》が活躍した。以後、播磨は赤松氏の領国となったが、嘉吉元年（１４４１）、赤松家の当主満祐《みつすけ》が、室町六代将軍足利義教《よしのり》を暗殺するという大事件が起こり、この結果赤松氏は没落し、山名家の領国となった。

しかし、赤松氏もしぶとい。赤松の残党は御家再興のために、とんでもない賭けに出た。当時、天皇家はいったん南北朝に分かれ、その後幕府主導の下に北朝が南朝を併合した形になっていた。しかし、これに不満をもつ南朝の一部皇族たちは都から三種の神器の一つ「神璽《しんじ》」を奪い、吉野山に潜伏していた。

赤松残党はこの神器を奪い返してくるから、御家再興をかなえてくれるように幕府に願い出たのだ。幕府はそれに応じた。「作戦」も成功した。何しろ「将軍殺し」の一族がお味方したいと申し出てきたのだ。幕府を敵とする者同士だと南朝方は思い、気を許した。

赤松残党は南朝の正統「自天王《じてんのう》」を殺害し、神器を奪い返して御家を再興した。この時の当主が赤松政則である。

しかし、この再興赤松家も戦国時代には下剋上の風潮の中、衰えていく。浦上、別所、小寺といった一族が台頭したが、その中で最後まで生き残ったのは黒田だろう。あの豊臣秀吉の名軍師といわれた黒田官兵衛孝高《よしたか》（如水《じょすい》）は、この小寺氏の家老の家柄で小寺姓を名乗ったこともある。

その「成り上がり」伝説が面白い。もともと黒田氏は隣の備前国福岡の出身だったが、所領を失い放浪の末、姫路に近い広峰神社の食客となっていた。

この神社の宮司が親切な人で、黒田浪人から身の行く末の相談を受けると、こうアドバイスした。

「何か有効な薬の処方でもご存じなら、当社の参拝者に与えて米を受け取る（つまり売る）ことができるが、いかが？」

幸い黒田家にはよく効く目薬の処方が伝わっていたので、それを提供した。このことがきっかけで黒田は長者となって、地元の豪族の仲間入りをすることができたというのだ。

後に、如水の息子黒田長政は関ヶ原の戦いで大手柄をたて、筑前で五十二万石を得たが、与えられた所領に入部するにあたって、その地を福岡と名付けた。

実は同じ場所に古代からの商都の博多があった。織田信長が「井の口」を「岐阜」と改め、秀吉が「今浜」を「長浜」と改めたように、長政も全部を福岡にしたかったのだろうが、博多っ子はそうさせなかったということだろう。今でも福岡県福岡市にあるＪＲのターミナルは、博多駅であって福岡駅ではないのは、そういう事情による。

黒田如水は早くから織田家が天下を取ると見抜き、当時織田家の「中国方面軍司令官」であった秀吉に接近し、居城であった姫路城を提供した。

姫路城といっても現存の世界遺産の姫路城ではなく、その前身の小城である。秀吉はここを拠点に備前国の宇喜多直家を味方に引き入れ、三木城の別所長治を兵糧攻めで滅ぼした。戦国史に名高い「三木の干殺《ほしごろ》し」である。

そして兵を備中国まで進め、毛利の大軍と対峙していたところに、あの本能寺の変が起こった。この時、如水が呆然とする秀吉に「天下を取る好機がきた」とささやいたという伝説がある。

ここで秀吉は毛利と講和を結び、備中高松城から姫路城までとって返し、大急ぎで補給して京の近く山崎に向かい、「天王山の戦い」で明智光秀を倒した。これも戦国史に名高い「中国大返し」である。

製塩やソーメン作りに適した土地

現在の姫路城は、この秀吉が死んだ後に起こった関ヶ原の戦い（1600年）に、家康に味方して戦功を挙げた池田輝政が築いた城だ。

輝政も不思議な運命に操られた人物で、父信輝（勝入斎《しょうにゅうさい》）は信長と乳兄弟《ちきょうだい》（信輝の母が信長の乳母）という関係にあり、信長の死後、信輝は秀吉に味方したが、家康と秀吉が戦った小牧・長久手の合戦で戦死した。この時、輝政の兄も徳川勢に討ち取られたので、次男の輝政が家を継いだのだ。

そして、秀吉が天下を取った時、その仲介で徳川家と和解することになり、当時故《ゆえ》あって独身だった輝政は家康の娘督姫《とくひめ》を妻に迎えた。そのため、関ヶ原の戦いの時は迷わず徳川方に味方し、結果的に百万石に近い領地を得ることになった。ただ、心血を注いだ姫路城は子供の代に池田家が転封され、別の家のものとなった。

家康の天下取りは、逆にいえば豊臣家の大名をいかに取り込むか、ということであり、この点うまく立ち回ったのが、秀吉とは相婿《あいむこ》（妻同士が姉妹）の浅野長政であった。

浅野家は豊臣家が滅んだ後も、外様の大大名として生き残り、かつて関ヶ原の戦いでは西軍の名目上の総大将をつとめた毛利家に代わって、このあたりで一番豊かな安芸国《あきのくに》広島を与えられた。

その浅野家の分家が、「忠臣蔵」で名高い播州赤穂の浅野家である。

四十七士の討ち入りに至る物語はあまりにも有名だから、ここでは記さない。

ただ、この浅野分家は、もとからここにいたのではなく、かつては常陸《ひたち》国笠間にいた。転封によってここへきたのであって、地縁はない。

ここから備前にかけての雨の少ない気候は製塩業に向いていて、浅野家の財政もその塩の利益によって豊かだったという。その製塩法に目をつけた吉良上野介が、その秘密をゆずれと強要したのが「刃傷」の原因だという人もいるが、これは当てにならない。

製陶技術などと違い製塩法は気候が第一であって、それを知れば飛躍的に品質がよくなったり生産量が増えるという秘密はないのである。

また乾いた気候はソーメンの生産に向いていて、揖保《いぼ》川流域は「揖保の糸」と呼ばれるソーメンの名産地である。

ちなみに吉良上野介で思い出したが、「お菊の井戸」で有名な皿屋敷は、岡本綺堂の作品では旗本青山播磨の屋敷だということになっている。

しかし、この話の元は「播州皿屋敷」であって、小寺氏の御家騒動の中にあるエピソードである。だから、姫路城内にも「お菊の井戸」があり、どうやらこちらが本家らしい。

備前国

備前国《びぜんのくに》、現在の岡山県の南東部にあたる。ちなみに岡山県北部は美作《みまさか》国であり、西南部は倉敷《くらしき》を中心とした備中《びっちゅう》国になる。

「備」とは「吉備国《きびのくに》」を指す。かつて「越の国」が「越前、越中、越後」に分かれたように、「吉備国」は都から近い順に「備前、備中、備後《びんご》」に分かれた。備後国は現在は広島県の東部にあたる。ところで今「分かれた」といったが、ひょっとしたら「分けられた」のかもしれない。というのは、この「吉備国」いや「吉備王国」は大和朝廷のライバルではなかったか、と思われるフシがあるからだ。

古代の国々の国力がどれぐらいあったかを測るのに一番適しているのは、考古学的遺物（土器、石器、金属器など）、あるいは遺跡である。貴重な遺物（銅鐸《どうたく》、鉄剣等）が出土すればするほど、その国は豊かだったということになる。そして、こうした遺物は実は略奪することもできるわけだが、できないものもある。たとえば古墳がそれだ。

大きさ自体でいえば、隣の備中国にある造山古墳《つくりやま》が全長約350メートルもあり、大阪周辺の三大天皇陵（応神、仁徳、履中《りちゅう》）に次ぐ第4位なのだが、この備前にも全長約190メートルの両宮山古墳がある。また全長約140メートルだが、浦間茶臼山古墳は大和国（奈良県）を除く、古墳文化前期の最大古墳である。吉備王国の実力が知れよう。

ただ、王国の中心はどちらかというと備中国であったらしいので、ここでは古代以後の歴史に触れよう。

まず触れなければいけないのは備前焼だろう。日本には焼き物がそこら中にあるが、備前焼はその中でも古く、日本六古窯《こよう》（瀬戸、常滑《とこなめ》、丹波《たんば》、越前、信楽《しがらき》そして備前）の一つに数えられている。その始まりは平安末期ともいわれるが、現在のような姿となったのは鎌倉時代らしい。

備前焼の特徴は何といっても「素朴」の一語に尽きるだろう。いや、工程は結構綿密なのだが、そのでき上がり具合はまさにそうだ。

私個人の偏見でいえば、日本を代表する陶器を一つ挙げよと問われれば、この備前焼を推す。もちろん、華麗な九谷焼や伊万里焼あるいは古瀬戸や志野や萩焼も知っているし、それなりに見事だと思うのだが、これらの中には「中国」や「朝鮮半島」が入っている。

もちろん「入ってはいけない」というのではないが、より「日本らしい」ということでいえば、まさに縄文の美に通じる、そして茶道のワビ、サビに通じる備前が一番だと思うのである。

こんなことをいうと「差別」ととられかねないが、「ガイジン」にはなかなか、この「シブミ」

がわからない。現に「こんなもののどこがいいのか？」と私に質問したアメリカ人がいる。アメリカ的美意識でいえば備前焼などは「美」のカテゴリーに入らないのかもしれないが、それゆえに「日本」だと私は思うのである。

『人国記』に記された悲惨な評価

ところが、これほど素朴な美を生み出す備前の人々を、まったく評価していないのが、昔から各国の人情・風俗を描いたものとして知られる中世の書物『人国記』の作者だ。

実はあまりにケチョンケチョンなので、紹介するにもはばかられるが、現代語訳だと私がそう思ってると誤解（?）されかねないので原文のまま引用する。

備前の国の風俗、上下ともに利根《りこん》なり。故に利根を先として万事執《と》り行ふによって、言行の相違すること、十にして五つ六つかくの如し。別《べつ》して諂《へつら》ふ心強くして、上《かみ》に翫《もてあそ》ぶところの儀をば善悪・邪正を撰《えら》ばずして、すき好むが如くにもてなし、内心は佞《ねい》を含みて誹謗《ひぼう》すること、主《しゅ》は被官《ひかん》を威《い》を以てこれを抑《おさ》へんとし、被官は主に従ふ如くなれども、嘗《かつ》て内心快《こころよ》からずして善と見ゆるといへども、その善積《つ》まずして、名利《みょうり》の為になすところ多し。
（岩波文庫版）

要するに「備前人は利口である。利口であるがゆえに、その利口さですべてをこなそうとするので、言葉と行動が一致しない（ウソつきだということ）。また、へつらう心が強いので、目上の人がやっていることは善悪を問わず『結構ですね』というくせに、内心では馬鹿にしていたりする。主人は家来を力でもって押さえようとし、家来は家来で主人を尊敬するわけでもなく、利益のために従っている場合が多い――」

段々と訳すのが恐ろしくなってきたが、続きはまだある。

譬《たと》へば芸術（学問、武術等すべてを含む）を執り行ふに、十人が九人善悪に構《かま》はず、その事を成就せしめて、これを朋友の前に於ては我《われ》一人のようにふけらかして（ひけらかして）、而《しか》もその奥意の至公なるところは、夢にだに知らずして、かくの如くにもてなし、或いは武《ぶ》の用ふる武器・兵書をかざり立てては、心掛《が》けの深き侍《さぶらい》と、人に用ひられん事を好む風儀、すべて皆かくの如くにして、寔《まこと》に名利につながれ、実《じつ》を失ひ、虚《きょ》をふるまひ、是非に及ばず。（以下略）

（引用前掲書　カッコ内は引用者註）

もう訳しません（笑）。一言でいえば「虚栄心の強い見えっ張り」ということだ。

『人国記』の著者（作者不詳）は、備前女に〝ヒジ鉄〟でもくらったのだろうか。

そういえば司馬遼太郎の随筆『歴史を紀行する』岡山編でも、先輩評論家の「岡山県人は日本のユダヤ人だ」という話から始まり、戦前の日本陸軍には「岡山県人には油断するな」という「教訓」があったという、トホホな展開になっている。

しかも、「フォロー（?・）」として触れられているさわやかな岡山人「桃太郎」は、どちらかといえば備中国の話であって、備前国とはあまり関係がないという「問題点」もある。いうまでなく、今私が書いているのは「岡山県記」ではなく「備前国記」だからだ。

ユダヤ人と備前の人との「共通性」

しかし、ここはあえて異論を唱えよう。

備前人への低い評価は、古代から世界的に共通する「偏見」に基づくものではないか、と思われるからだ。

一般的に、ユダヤ人には二つのイメージがある。一つは「ノーベル賞受賞者が多い」つまり「利口だ」というイメージがあり、もう一つは「拝金主義」「弁舌巧み」「デラシネ（根無し草）」といったイメージだ。

これがなぜ生まれたか?

ユダヤ人は、民族宗教（その民族しか信仰していない宗教）、ユダヤ教の信徒でもある。今から約2000年前、そのユダヤ人の中からイエスという男が「出現」し、キリスト教が生まれた。ひと言でいえば、キリスト教とは「イエスは人間（ユダヤ人）ではなくキリスト（＝神）である」と信じることである。

しかし、ユダヤ人はあくまでイエスは人間であり、神とは認めなかった。だからこそ「神の名を騙《かた》るペテン師」としてイエスを十字架にかけて処刑した。キリスト教徒にとっては、ユダヤ人とは「イエス様殺しの大罪人」なのである。

これは私が誇張していっているのではない。『聖書』の中には「ユダヤ人は極悪人」と受け取れる記述が何か所かあり（例「マタイによる福音書《ふくいんしょ》」第27章）、これがあるがゆえにキリスト教徒はユダヤ人を徹底的に差別した。

たとえば中世ヨーロッパにおいて、ユダヤ人は土地の正式な所有者になることを認められなかった。ということは農業も工業（工場をもてない）もできないということだ。当然ユダヤ人たちは、金融業などの広い意味での「商人」になるしかない。キリスト教徒は偏見をもって彼らを見るから「ユダヤ人は血も涙もない冷酷な高利貸し」というイメージになる。

もうお気づきだろうが、これが「作品化」されたのがシェークスピアの「ベニスの商人」における「金貸しシャイロック」なのである。もう一度、読み返してご覧になれば、あれがユダヤ人差別そのものだということがよくわかるだろう。

念のためだが、シェークスピアは立派な作家で、特に『オセロ』は人類初の「黒人差別糾弾文学」といってもいい作品だ。その『オセロ』を書いたシェークスピアがユダヤ人に対しては「冷酷な悪魔」という表現になるほど、宗教に基づく偏見というものは根深いものなのである。

ユダヤ人のもう一つの悲劇は、ローマ帝国に滅ぼされ国を失ったことだろう。だからシャイロックはイタリアのベニスに住んでいるのである。国を失った人々は、貿易、金融などの広い意味での「商業」をやるしかない。

実は中国でもそうだった。「商」とはもともと古代殷《いん》帝国を築き上げた民族の名前である。しかし殷が周《しゅう》に滅ぼされた時、亡国の民となった人々は貿易や流通に活路を見い出した。だから、今日こうしたことを「商」業という。

そして、それは土地をもっている（国のある）「良民」からみれば、「人にへつらい」「内心と行動が違う」「賤しい職業」であった。だからこそ、中国の儒教では「士農工商」なのである。

備前人が「古代吉備王国」の末裔《まつえい》だとすれば、ユダヤ人や殷帝国の末裔である「商人」たちと、共通の「汚名」を受けるのも、納得できる話である。

備前人がそっけないのは、気候温暖で作物の実りが豊かだからだという話もある。

確かに、豊かな国は貧しい国に比べて、たとえば協力して田畑を耕さないとすぐに飢えるなどということがないので、人情が薄くなるという傾向はある。

そうしたことも、貧しくて農業にしか頼れない国からみれば、うらやましく、その「うらやましさ」が妬みになりそねみになって、備前人は「諂《へつら》ひありて智ある国風なれば（中略）好ましからざる風儀なり」（『人国記』）という、結論になったのではないか。

いずれにせよ、備前焼のような風雅な焼き物は、「外面と中みが違う」人々には生み出せるはずのないものであろう。

備中国

岡山県の西部で、西は備後国、東は備前国と美作国、北は伯耆《ほうき》国、南は海という位置にある。

都に近い順から備前、備中《びっちゅう》、備後、これは吉備国が三分割されたのである。「吉備王国」などと呼ばれることもある。古代大和王権に対抗するような国家が、ここにあったのだ。

その証拠に、そしてそれはこの備中が「吉備王国」の中心であったことを示す証拠でもあるのだが、ここには畿内に勝るとも劣らないほどの巨大な前方後円墳がある。しかも二つあって、二つとも「つくりやま」古墳という。文字通り人造の山という意味だろう。

ただし、字は違う。大きい方が造山古墳と書き、小さい方を作山古墳と書く。造山古墳の方は墳丘の長さが350メートルもある。日本最大の仁徳天皇の陵とされる大山《だいせん》古墳（大阪府堺市）は486メートルだから、それには及ばないものの全国第4位の大きさである（作山古墳は第9位）。

しかも、古墳時代以前の弥生終末期の墳丘墓《ふんきゅうぼ》も巨大なものがある。楯築《たてつき》墳丘墓である。墳丘墓というのは、古墳が平地に土を盛って山のようにした（まさに造山だ）ものであるのに対し、自然の丘を削って形を整え有力者の墓としたもので、あの佐賀県吉野ヶ里《よしのがり》遺跡の核となっている墓も、古墳ではなく墳丘墓だ。

そんなものがあったということは、やはり大和に対抗する勢力があったと考えるのが妥当なところだろう。『日本書紀』にも雄略天皇記に吉備の豪族下道《しもつみち》氏が反乱を起こしたが、撃退されたとある。

天武朝になって吉備国が備前、備中、備後に三分割されたのも、大和朝廷の有力なライバルであったからではないか。

備中国一の宮である吉備津《きびつ》神社の祭神は大吉備津彦命（オオキビツヒコノミコト）で、備後国の一の宮はこの分社（同じ名）であることからみても、このオオキビツヒコこそ、出雲のオオクニヌシに匹敵する、王国の主であったのではないかと思われる。

学者・政治家吉備真備の出身地

さて、日本に大和朝廷による統一政権が生まれてからは、「吉備国」はその支配を支える有力な大国であった。

この時代の吉備出身の有名人といえば、奈良時代の後期に活躍した吉備真備《きびのまきび》であろう。真備はもとは雄略朝に反乱を起こした下道氏の出身であったが、吉備姓に改め大和朝廷に仕えた。

養老元年（717）、遣唐留学生として入唐《にっとう》し、儒学、兵学、天文学などを学ぶ。帰国後は元皇族で左大臣まで出世した橘諸兄《たちばなのもろえ》の相談役をつとめた。諸兄政権においては僧玄昉《げんぼう》と共に重んじられ、諸兄の政敵藤原広嗣《ひろつぐ》が反乱を起こした時も、これを巧みに鎮圧した。

道鏡《どうきょう》との「ロマンス」でも有名な称徳《しょうとく》女帝が、一時重用した藤原仲麻呂、「恵美押勝《えみのおしかつ》」という「美名」まで賜ったこの男が、寵臣の座を道鏡に奪われた時、反乱を起こした。その反乱を唐仕込みの兵学を基にした軍事指揮で、巧みに鎮めたのも真備であった。

そうした功もあって真備は従二位右大臣という、藤原氏以外では珍しい高位高官となった。

今、ボストン美術館にある「吉備大臣入唐絵詞《きびだいじんにっとうえことば》」は明治期に海外流出したもので、日本にあれば国宝間違いなしの逸品だが、これは真備が留学生として唐におもむいた際の、様々な苦難の物語を絵にしたものだ。

唐人は真備の才能をねたんで、様々な無理難題を押しつけ嫌がらせをする。その無理難題を真備は阿倍仲麻呂の霊の力を借りて逃れるのだが、中には逃れ切れないこともある。一番の難題は「東海姫氏」という名の暗号文であった。

極めて難解で、仲麻呂の霊もこれは解けない。そこで、進退極まった真備が故国日本の長谷寺の観音菩薩《かんのんぼさつ》に祈ったところ、ようやく解読のヒントが与えられた――。この暗号文は拙著『逆説の日本史⑦』にも載せておいたので、興味のある方は、一度挑戦してみてはいかがだろう？

ちなみに吉備真備は晩年になって藤原百川《ももかわ》という希代の策士に「してやられ」、称徳体制（平城京政権）は崩壊し、光仁―桓武《かんむ》つまり「平安京政権」に移行することになる。

この平城京（奈良）の称徳体制崩壊のきっかけをつくったのが、称徳の「道鏡を天皇に」という望みを判定するため、九州の宇佐八幡宮まで行き「それはならぬ」という神託を受けてきた和《わ》気清麻呂《けののきよまろ》なのだが、この和気氏は備前出身なのである。

つまり同じ「吉備王国」の出身ながら、この頃は「身内同士の対立」があったということだ。もはや大和政権の「一国」として備中も備前も完全に取り込まれていたのだろう。「敵」を支配するために、「分断」して「対立」させるというのは今でも使われている。

特産品にみる備前と備中との違い

備中と備前の「対立」はその後も続く。

吉備に「王国」があったということは、この地が日本列島有数の先進地帯であったということだが、そのためかこのあたりは、古くから製鉄が盛んであったようだ。そのノウハウを生かした産物が日本刀である。

「備中物《もの》」と呼ばれた名刀は、万寿庄青江郷《ますのしょうあおえ》を主産地とした。代表的な刀工は青江安次《やすつぐ》である。

こうした技術を生かしてであろう、江戸時代の中頃には、備中鍬《ぐわ》という画期的な農具が生まれた。これは先端が分岐している熊手のような鍬で、もちろん技術的にはふつうの鍬より難しいが、土との摩擦《まさつ》が少ないので耕作には適している。

ちなみに備前刀工も有名で、古くは一文字派、新しくは長船派《おさふねは》があり、備前長船は江戸時代においても名刀の代名詞でもあった。その技術は後に備前包丁に生かされる。和包丁の名品である。「神聖なる刀」を作る技術を出発点にしながら、備中はそれを農具に使い、備前はそれを調理器具に使うところが対立の「妙」かもしれない。

ちなみに江戸初期に刊行された『新人国記』には「当国の風格は、都《すべ》て意地強し、上下男女《なんにょ》ともに勇気ありて、義理を励《はげ》ます意《い》常にあり。されども不敵《ふてき》なる心ゆゑに、道理に当らざる事多し（中略）当国及び備後とともに備前と一国にて、古《いにしえ》は吉備の国と云へども、備前よりはこの国は山《やま》入遙《いりはる》かに深し。寒暑《かんしょ》同前なり」とある。

備前よりは山も深く寒暖の差も激しいというところが、「農具」と「調理器具」の違いを生んだのかもしれない。

そういえば、備前は備前焼という主に食器に用いられる有名な陶器があるが、備中は古くから「備中紙《がみ》」の名で呼ばれる紙の名産地であった。すでに室町時代の文献『鹿苑日録《ろくおんにちろく》』に「備中は紙の名所なり」という記述があるという。

戦国時代に入ると、備中は三村氏の勢力範囲であったが、三村氏にとっての不幸は西の安芸国（広島県西部）に毛利元就《もとなり》という希世の英雄が出現したことだった。元就はまたたく間に安芸・備後を征圧し、備中にせまった。

三村元親《もとちか》が対毛利の拠点としたのが、高梁川《たかはし》を見下ろす臥牛山《がぎゅう》の頂上にある松山城〈伊予国〈愛媛県〉の松山城と区別するため、通常は「備中松山城」と呼ぶ）であった。この城は、堅い岩盤の上にある見事な山城で、三村が毛利に滅ぼされた後、関ヶ原の戦いを経て作庭家として有名な小堀遠州《こぼりえんしゅう》が城主として修築し、水谷《みずのや》氏が天守閣を建立して完成した。

風格のある見事な山城で、重要文化財に指定されている。ふもとの城下町備中高梁《たかはし》は、高梁川に並行して広がる日本の原景を思わせるような城下町で、それは渥美清の「寅さんシリーズ」のロケ地に、２回も選ばれていることでもわかるだろう。

史跡にも恵まれている。たとえば高梁川の河畔には、毛利に徹底的に抵抗し、戦前は「不屈の闘志」の代表例として教科書にも載っていた「われに七難八苦《しちなんはっく》を与えたまえ」の山中鹿之介幸盛の最期の地がある。勇戦むなしく毛利に捕らえられた鹿之介は、ここで斬られたのだ。

歴史に刻まれた秀吉の「水攻め」

備中にはもう一つ、戦国史を飾る城がある。羽柴（のち豊臣）秀吉の高松城水攻めで有名な備中高松城である。

天正10年（１５８２）、織田信長から中国の毛利攻めを一任されていた秀吉は、まず備前の大名宇喜多直家（秀家の父）を味方につけ、毛利方の猛将清水宗治《むねはる》の籠《こも》る高松城を攻めたが、尋常な手段では落とせないと見た秀吉は、城全体を堤防で囲み水攻めするという前代未聞の手段に出た。

宗治は毛利に救援を求め、毛利本軍が出撃したが肝心の城が水の中に浮かんでいるのでは、どうしようもない。人工の「湖」をはさんで秀吉軍とにらみ合っているところに、本能寺の変が起こり信長は死んだ。

反乱の主明智光秀は毛利と連携しようと「信長の死」を知らせる使者を毛利に送った。ところが、この使者が「湖」にはばまれて秀吉の陣に迷い込み、秀吉の方が先にこの事実を知る形となった。秀吉はうまく毛利方をだまして、城主清水宗治の切腹で兵を引くともちかけた。宗治はこれを受け「湖」に漕ぎだした小舟の上で壮烈な切腹を遂げた。

この後、秀吉は「神速」ともいうべきスピードで、本拠の姫路城を経て京へ向かい、山崎天王山の戦いで光秀軍を破り天下人への道を驀進《ばくしん》する。いわゆる「中国大返」しである。その出発点はこの備中であったのだ。

秀吉といえば、死の床で徳川家康の手を握り、「秀頼のことくれぐれも頼む」と繰り返し頼んだことでも有名だ。その時、各大名から誓紙を取ったことも広く知られている。

ところがその現物が、秀吉を関白に任じた「辞令」などと共に、現代になって発見された。

そんなものがどこにあったかというと、秀吉の正妻ねね（正しくは「おね」）の実家筋である木下家がこの地方に大名として入部していた。足守藩である。ここに保存されていたのだ。「正妻」の執念を感じさせるエピソードである。

備中出身の有名人というと、古くは我国禅宗の開祖栄西、山水画の天才雪舟《せっしゅう》、福沢諭吉の師で蘭学塾「適塾《てきじゅく》」の創始者緒方洪庵《こうあん》が浮かぶ。外国文化の日本への紹介者という共通性があるのは、古代吉備王国につながる人脈風土だといったら、牽強付会《けんきょうふかい》に過ぎるだろうか？

美作国

美作国《みまさかのくに》、美しい名だ。しかし語源は定かではない。現在の岡山県北東部にあたる。古代「吉備王国」の流れを汲《く》む一帯は「備前・備中、備後」に分かれたが、そのうちの備前国を分割して美作国は生まれた。

想像をたくましくすれば、「吉備王国」のライバルであった大和朝廷が日本を統一したために、「吉備王国」がいくつにも分断されることになったのかもしれない。

国府は、現在の津山市にあった。現在、「吉備王国」の大部分は岡山県になっており、県都は岡山市なのだが、津山市は副都ともいうべきところかもしれない。

美作国一の宮も国分寺も津山周辺にある。特に国分寺は、「総国分寺」である奈良の東大寺と伽藍《がらん》配置が極めて似ており、この奈良時代に設けられた「新しい国」と、中央政府との密接な関係をうかがわせる。

北条、赤松、尼子ゆかりの地

しかし、古代においてはさしたる出来事もなく、鎌倉時代守護としての北条氏の支配を受けた後に、室町時代には赤松氏の守護国となる。

だが、戦国期に入り、戦国大名として頭角をあらわした尼子《あまこ》氏がこのあたりに進出してくると、一の宮の中山神社が兵火にかかって焼失するなどの事件も起こった。

このとき、兵略のために中山神社を焼いたのは尼子晴久であった。

晴久は、先年のNHK大河ドラマ『毛利元就』にも登場した元就の「天敵」ともいうべき男で、世界遺産にもなったあの「石見《いわみ》銀山」も、一時晴久の支配下にあった。

石見銀山は当時世界最大の産出量を誇る大銀山で、しかも国際貿易の決済に使われる通貨は、銀であった（金はいわゆる貴金属として流通）ことから、この銀鉱を押さえるものが天下に名乗りをあげる力をもつことができた。

しかし、晴久存命中はさすがの元就もこれを奪い返すことができなかった。逆にその晴久が47歳の若さで急死したからこそ、元就は尼子を倒すことができたのだ。

その英主晴久は赤松氏の手から美作国を奪った際、一之宮の中山神社を焼失させてしまった。そこで、晴久はこれを再建したのである。

ところで戦国時代の最終的な勝者は織田信長・豊臣秀吉だったわけだが、この美作国を与えられたのは森忠政であった。

忠政はあまり有名な武将ではないが、その兄の成利（長定）なら、多くの人が知っている。成利の通称は蘭丸、本能寺の変で信長と運命を共にした森蘭丸は忠政の兄であった。

兄弟の父、森可成《よしなり》は信長が最も信頼した武将の一人だった。もともと美濃国の豪族出身であり、戦国武者として極めて優秀な武勇の誉れ高い人物だった。

だが、この可成は嫡男の可隆《よしたか》と共に浅井・朝倉・本願寺連合との戦いの中で、壮烈な討死を遂げてしまう。こういう経緯もあり、森家の三男、四男、五男は特別に目をかけられ信長の近習《きんじゅ》に取り立てられた。いずれは一軍の将にということだ。この三男が蘭丸である。しかし、彼も本能寺の変でこの世から消えた。

一方、長兄に代わって森家を継いだのが次男の長可《ながよし》だった。どんな人間の身体もまるで「骨なしの肉」のように貫く「人間無骨」と刻まれた大槍をもち、一ぺんに百段の石段を駆け上がる（スピードの表現だという説もある）「百段」と名付けられた馬に乗り、「鬼武蔵」と異名をとった豪勇無双の武者だったが、この男も秀吉と徳川家康の唯一の野外決戦である「小牧長久手の戦い」において戦死した。

徳川軍の鉄砲に額を撃ち抜かれたのである。このとき、愛馬の「百段」が戦死した主人を乗せたまま、陣へ戻ってきたという伝説がある。

とにかく、森家は次男も失った。

そこで森家の生き残りは、年若い六男の忠政唯一人になってしまった。

つまり、森家は信長・秀吉の覇権確立のために６人兄弟のうち５人までを討死させたのである。

森氏が整備した城下町・津山

アメリカ映画に「プライベート・ライアン」というのがあったのを覚えておられるだろうか？「プライベート」とは「二等兵」のことだ。ライアンの兄たちが「お国のため」に次々と戦死していったので、最後の一人である主人公を何としてでも生還させようと、アメリカ軍全体が努力する話である。

同じように、「日本のライアン」ともいうべき忠政は、秀吉や周辺の人々に目をかけられた。「朝鮮出兵」のときも、忠政に与えられたのは、後方の安全な地域で補給を行うというものだった。

時代が移り、家康の代になっても忠政は出所進退を誤らなかった。それは言葉を換えていえば、他の大名と同じく豊臣家の恩は無視したということである。そして忠政は、津山十八万石を与えられた。豊臣家の最後の抵抗であった大坂夏の陣に忠政は出陣したが、そのとき、あの名馬「百段」に騎乗したという。

馬の老化、そして寿命から考えたら絶対に無理な話で、おそらくは長可が乗った「百段」の子孫の馬か、あるいは森家では当主の乗馬には「百段」の名をつける習慣になっていたのではあるまいか。

かつて津山城下には、その名馬「百段」を祀《まつ》る祠《ほこら》があったという。もっとも戦後、このエピソードに興味をもった作家司馬遼太郎が、この祠を探してみたがついに発見はできなかったとエッセイに書いている。

とにかく、江戸時代の津山藩、そしてそのヘソともいうべき津山城は森忠政によって造られた。

ちなみに、この地を津山と名付けたのも、忠政である。

地名は「言葉の化石」ともいわれ、長い年月を経てもなかなか変わらないものだ。

ところが、それを変えたのが織田信長であった。武家政権の創立者であった源頼朝ですら、昔から存在した「鎌倉」という地名を尊重したが、信長は美濃国井の口を岐阜に変え、近江国豊浦荘や佐々木荘を安土に変えた。

そして、それを見ていた信長の「後輩」たちが、今浜を長浜に変えたり、広島や河中《こうち》（高知）などという新しい地名をつくった。それに習って、忠政も「鶴山」を「津山」に変えたのだろう。

また、忠政の築城になる津山城は「日本三大平山城《ひらやまじろ》」の一つ、とされている。あと二つは姫路城と伊予松山城で、津山城の代わりに和歌山城を入れる人もいるのだが、忠政の城が名城であることは動かない。

平山城というのは、急峻な山の上に築かれた山城《やまじろ》が、まったく平坦《へいたん》な土地に築かれた平城に変化していく途中の、いわば過渡期の城である。

たとえば織田信長が本国尾張国から美濃国へ進出し、「天下布武」の志を天下に示して築城した岐阜城は山城であった。

次に近江国に進出したときに築城した安土城は平山城であった。そして、信長が本能寺の変で倒れた後に後継者の秀吉によって築かれたのが、平城《ひらじろ》の大坂城である。

つまり、初めは軍事防衛上の観点から「攻めにくい」ということが一番重要視されたが、そのうちに信長のように経済力のある大名が出てくると、必ずしも城は山の上でなくてもよいことになった。

堀を深く塀を高くすれば、平地であっても防衛力に優れた城は造ることができる。そしてそれを可能たらしめる経済力を確保するためにも、城は町の中心にあるべきだという思想が、山城↓平山城↓平城の変遷の背景にあったわけだ。

宮本武蔵生誕の伝承が残る国

戦国末期から江戸時代初期にかけての人物で、剣豪として有名な宮本武蔵は、昔はこの美作国の出身とされていた。「作州《さくしゅう》浪人」宮本武蔵である。だがこの「作州生まれ」という説は江戸時代の文献の誤りらしい。

というのは、本人が書いた『五輪書』に「播磨国（播州）に生まれた」と書いてあるからだが、「生まれ故郷の作州を嫌って、そう書いたのだ」、という主張がこの美作国では根強く、ついに武蔵生誕伝承地のある美作市では、最寄りの智頭《ちず》急行の駅が「宮本武蔵駅」と名付けられた。鉄道の駅で人名をフルネームで冠したのは、日本ではこれが初めて（著名人の名前では、高知空港が坂本龍馬の名を取って「高知龍馬空港」と改名されている）であり、美作人の武蔵に対する深い愛着が感じられる。

ところで、津山藩医出身の学者箕作阮甫《みつくりげんぽ》をご存じだろうか？

医学から蘭学の道に入った阮甫は、医学の他に語学、西洋史、技術史などにも通じ、アメリカのペリーが日本にもってきた大統領国書の翻訳も担当している。

だが阮甫は個人として優秀な学者であったばかりでなく、日本を代表する学者一家の祖として、むしろ名を知られているのだ。阮甫自身、男子に恵まれなかったことを逆に生かし、優れた学者を女婿《むすめむこ》にすることによって、学者ファミリーを形成した。

日本を代表する物理学者長岡半太郎は阮甫の女婿であり、数学者菊池大麓《きくちだいろく》は孫にあたる。

その大麓の女婿には、天皇機関説の憲法学者美濃部達吉、鳩山秀夫（鳩山ファミリーの祖、一郎の弟）、民法学者末弘厳太郎《いずたろう》がいるから、阮甫はこうした人々ともつながっているわけだ。

ちなみに、日本犯罪史上最大の惨劇とされた「津山三十人殺し」は、本当は津山市での出来事ではなかった。あの時点で現場は別の村（現在は津山市と合併）だったのである。

しかし、どうやら新聞記事が最寄りの大きな町である「津山発」になっていたため、そう呼ばれるようになってしまったようだ。歴史というのは、こういうディテールにも注意しなければならないのである。

備後国

現在の広島県の東半分にあたる。

古くは備前国と備中国（二つとも岡山県）と同じで吉備国であった。

吉備は古代の大国である。

その中心地とみられる備前・備中の国境近くにある造山古墳は、大和クラスの巨大な前方後円墳だ。これが吉《き》備《び》津《つ》彦の墓ではないかと私は考えているが、吉備津彦というのはそもそも何者なのか？

神話の分析では大和朝廷の重臣で、吉備を平定した人物ということになるのだろうが、それ以前の大和朝廷と対立する吉備王国の国王ということも考えられる。

そういうものは「存在しなかった」とするのが神話の立場だが、ひょっとしたら吉備を三分割したのも、この国が大和朝廷のライバルとして相当なものであったからかもしれない。

備前と備中の国境線（分割線）あたりに古代吉備王国の首都があったとすると、その分割の意

図も見えてくる。

ところで、備後《びんご》国は平野に乏しいという難点がある。つまり米の生産性が低いということだ。その代わりに山地では鉄を産し、瀬戸内海に面した地区では海産物が盛んにとれた。特に平安の昔から、鉄を使った鍬《くわ》あるいは海の塩はこの国の特産品として都でも重宝がられた。

鎌倉時代は幕府の重臣土肥実平《どいさねひら》が守護となり、途中から大江広元の子長井時広に代わった。この後、長井氏が代々この地の守護であったが、南北朝時代を経て室町時代になると大大名山名氏の地となった。

この山名氏は内紛によって衰え、戦国時代に入ると尼子の勢力が進出し、一方大内氏もこれに対抗した。

この乱戦状態に終止符を打ったのが、戦国の英雄毛利元就であった。

安芸国（広島県西部）の一部分の領主（国人《こくじん》）に過ぎなかった元就が、安芸守護の武田氏を追い払い、尼子を倒し、大内を滅ぼした陶晴賢《すえはるかた》をも討って、北九州から中国地方の大部分を治める巨大勢力にのしあがった。

こうした過程で、備後国も毛利家の領国の一部となったのだ。

室町幕府の後を継いだ？「鞆幕府」

この備後国の表玄関ともいえるべき港が鞆《とも》である。

鞆は「鞆の浦」として鯛《たい》がよくとれる場所としても有名だが、実は古代から瀬戸内海の海上交通の要衝であった。

なぜなら瀬戸内海の海流は、この鞆の沖合いで流れが完全に変わるからだ。

正確にいうと、満潮時に東側の紀伊水道からと西側の豊後《ぶんご》水道から瀬戸内海に流れ込んできた水が、干潮時にはこの瀬戸内海の中央に位置する鞆の浦でそれぞれ東と西に分かれて戻っていくのである。

鞆の浦の風景は万葉時代から知られており、大伴旅人《たびと》もここへきて、歌を読んでいる。

「潮待ちの港」としても知られた。「待てば海路の日和あり」の言葉通り、昔の木造帆船では「風」と「潮」に頼らねば用をなさなかったのだ。

ここで「歴史の潮の変化」を待っていた男がいる。

室町幕府第十五代、つまり最後の将軍の足利義昭である。織田信長に擁立《ようりつ》され将軍の座に就いた義昭だが、自分が「お飾り」に過ぎないことを知り、信長と対立するようになった。

義昭の工作によって「信長包囲網」が実現し、元亀３年（１５７２）冬には、義昭の要請を受けた武田信玄がついに西上の軍を起こし、手始めに信長の盟友徳川家康を三方ヶ原で撃破した。

「信玄は必ず都にきて信長を追い払う」――そう確信した義昭は自らも都で兵を挙げた。といっても、わずかな人数で小城に籠《こも》っただけだが、信玄がくる以上それで十分だと思ったのである。

しかし、天は義昭に味方しなかった。

なんと頼みの綱の信玄が病に倒れ、呆気《あっけ》なくこの世を去ってしまったのである。ハシゴをはずされた義昭は断腸の思いで信長に降伏した。信長も「将軍殺し」の汚名を着ることを恐れて、義昭を追放処分にした。その義昭が保護を求めたのが毛利輝元《てるもと》（元就の孫）であり、臨時の落ち着き先となったのがこの鞆の浦であった。

義昭が都を追放された時点で一般には「室町幕府の滅亡」とするのだが、この地方の人々は義昭が将軍をやめたわけではない（信長も将軍になっていない）から、幕府は京の室町からここへ移ったのだ、つまり「鞆《とも》幕府」があったのだ、と主張している。

確かに南北朝時代、吉野に逃げた後醍醐天皇も「南朝」の主として認められているのだから、鞆幕府があったという主張も、決して異常なことではない。

ともあれ、この地は潮の境目というだけではなくて、その風光も見事なものなのである。

この鞆の浦に福禅寺というお寺がある。その寺に対潮楼《たいちょうろう》という座敷があるのだが、ここからの鞆の浦の眺めはまさに一幅の絵に他ならない。

江戸時代、朝鮮国からの友好使節である朝鮮通信使は、この地を必ず訪れた。その中の一人が、あまりの景色の素晴らしさに「日東第一形勝」という言葉を揮毫《きごう》し、その額がこの対潮楼にかかげられている。

私も一度ここから景色を眺めたことがあるが、まさに複雑な日本の海岸線と多島海が渾然《こんぜん》一体化した眺めで、日本三景の一つ松島とはまた別の趣のあるものだった。

徳川家にもゆかりがある備後国

幕末の日本で最も必要とされたのは、海防すなわち海の守りを固くすることだった。この先駆者である幕臣勝海舟の一番弟子坂本龍馬は、その費用を貿易で掻《か》き集めて海防の実を上げることを考え、亀山社中を結成した。後の海援隊である。

その龍馬が伊予大洲《おおず》藩に金を出させて買い込んだのが、イギリスの「アピソ号」だった。四万二千五百両もしたという。

その「アピソ号」を龍馬は「いろは丸」と改名して、長崎で物資を仕入れ大坂に向かったところ、瀬戸内海で紀州藩の明光丸に衝突され、福山港に何とか入ろうとしたが力尽きて沖合いで沈没した。日本最初の海難事故だ。

龍馬はこの時すばやく明光丸に乗り移り、当直士官のいないのを確認した上で、航海日誌を押さえたという。これが結局ものをいって龍馬は紀州藩から賠償金をせしめることに成功したのだ。さすがに龍馬である。やることにソツがない。

ところで、関ヶ原の一戦で毛利家は「敗戦国」となった。石田三成の要請によって西軍の総大将におさまった毛利輝元だが、一族の吉川《きっかわ》広家の工作もあって、関ヶ原の戦いには積極参戦しなかった。

それなのに、徳川家康は毛利を「A級戦犯」として百二十万石あった領土のうち、九十万石を取り上げた。そして、備後国も徳川家に没収されることになった。

その結果、この国はまず福島正則に与えられ、正則が改易《かいえき》（取りつぶし）になった後は、徳川の親藩である水野家と浅野家で分割統治された。

鞆の浦をもつ福山に封ぜられたのは、水野勝成であった。

水野は家康の従兄弟《いとこ》であった。それにはこういう事情があった。家康が「松平竹千代」と呼ばれていた頃、母の「お大」が離縁された。その実家である水野家が織田家と連合したのに対し、松平家は今川の保護下に入ったことが、その原因だった。

家康の父広忠は、今川家に忠誠心を示すために妻を離縁したのである。ここで、家康と母は生き別れになった。母は別の家に嫁いで男子を生んだ。それは久松姓の家だったが、家康の異父弟であるので後に松平（久松松平）になった。一方、水野家はお大の弟が継いだ。これが勝成の父忠重である。

江戸前期まで存在した謎の港町

ところで福山は古くから鞆の浦を控えた港町として栄えたらしく、この地から中世の港町（あるいは市場町）の大遺跡が発見され、昭和36年（1961）から発掘調査が行われた。「草戸《くさど》千軒町遺跡」と呼ばれている。

中世の交易の様子を知る木簡などが多数発見されたが、不思議なことに中世の記録の中にこの草戸千軒のことを記したものがない。もっとも、町が存在したことは遺跡という証拠があるのだから確実である。

一方、江戸時代の記録には、寛文13年（1673）にこの地が大洪水で消滅したと書かれており、一夜で消失したとみられることから、「日本のポンペイ」などと呼ぶ人もいる。

それにしても、なぜ繁栄の記録が残されていないのか、考えてみればミステリーだ。

備後国で福山と並び称される町は、尾道《おのみち》であろう。尾道も港町で、かつては明《みん》の貿易船が寄港し、また江戸時代は西廻り航路の船が必ず立ち寄る港であった。

山地が海にせり出す港町によくある地形で、坂の多い町でもあるが、林芙美子《ふみこ》や志賀直哉が愛した、文学碑の多い町でもある。

第二次世界大戦の空襲を受けなかったので、古い町並みがよく残り、大林宣彦《のぶひこ》監督の『時をかける少女』など「尾道三部作」の舞台としても有名だ。

また、古くから開けた土地らしく、浄土寺（真言宗）は国宝の本堂や多宝塔で知られ、瀬戸内海を見おろす山の中腹にある千光寺は、眺望が素晴しいことで知られている。

安芸国

現在の広島県の西部にあたる。備後国（広島県東部）と周防国《すおうのくに》（山口県東部）にはさまれ、山と海の幸に恵まれた気候温暖の地である。

大和朝廷も古くから、この地を支配下においていた。既に「神武東征」にこの地が出てくる。安芸国《あきのくに》の設立年代も、明確ではないが大化の改新（645年）直後あたりにさかのぼれるという。

安芸国の神社といえば、国造《くにのみやつこ》・阿岐《あき》氏の守り神であった速谷《はやたに》神社（甘日市《はつかいち》市）や多家《たけ》神社（府中町）だが、それに優るとも劣らず古く有名なのが伊都伎嶋《いつきしま》神社（厳島神社）であろう。

いわゆる「安芸の宮島《みやじま》」である。

海に浮かぶ社殿は清盛の発想？

宮島（厳島）に建てられた社殿は、まるで龍宮城を思わせるような景観である。特に社殿が水に浮かぶような形となる満潮時が素晴らしい。伊都伎嶋の神は女神で、元はといえば筑前国の宗像《むなかた》大社の三女神である。海上交通の神といっていいが、この社殿のデザインは一体誰が考えたのだろう？

ひょっとしたら平清盛かもしれない。

武士として初の太政大臣となり、娘の生んだ子が天皇（安徳天皇）になった清盛が栄華の絶頂にいた頃、強引に都を福原（神戸）に移したことがある。

この福原遷都は無残な失敗に終わり、平家政権の衰亡を早めたのだが、なぜ清盛がここまで福原にこだわったのかといえば、中国（宋）との貿易を盛んにして、平家の勢力をより拡大しようという思惑があったからだ。

そもそも平家は「海の民」であった。

伊勢国や清盛が拠点とした福原、屋島、彦島（壇の浦）はすべて海上交通の要衝である。その中でも瀬戸内海の中央に位置し、国内あるいは海外貿易の中継点であった安芸国は、平家の最重要拠点であった。

平家の氏神もこの伊都伎嶋神である。清盛自身も安芸守としてこの地に赴任したことが、出世のきっかけだった。

後に清盛は、後白河法皇をこの地に招き参拝してもらっているが、その前に当然だが社殿を大修復している。いや、ほとんど再建したといってもいいかもしれない。つまり「日本三景」だけでなく世界遺産にも登録された現在の社殿は、平清盛が「建築主」なのである。

ならばデザインについても、かなり口を出しているのではないか。いやそもそも社殿を海に「浮かべる」という奇想天外なアイデアは、海外を知り、この地を知り、海のこともよく知っていた清盛こそ思いつくものではないのだろうか。

実はこの神社は建物以外に、素晴らしい宝を所有している。「平家納経《のうきょう》」と呼ばれ、これも清盛が奉納したもので、法華経を中心とした経典類だが、紙に墨でかかれたようなものを想像してはいけない。

一巻一巻が平安後期を代表する見事な工芸品なのだ。軸は水晶で作られ、紺地の特殊な紙（雁皮紙《がんぴし》）に金泥《きんでい》や銀泥で経文の字句が書かれている。しかもその前後は経典の内容が極彩色の絵で描かれており、世界的水準でも最も美しい経巻《きょうかん》の一つと断言していいだろう。もちろんすべて国宝に指定されている。

厳島という名は、もともと神の「斎《いつき》（祀られる）」ところという意味だが、この島は海上交通から見ても、重要な拠点であった。

毛利元就が安芸国を治めた経緯

鎌倉時代になって、この地の守護に任ぜられたのは武田氏であった。あの信玄の甲斐武田氏と同族である。しかし、戦国大名に成長した甲斐武田氏と違って、安芸武田氏はそこその勢力しか保てなかった。国内外に有力な大名・国人《こくじん》が成長し、甲斐武田氏のように一国を完全に掌握することはできなかったのである。

その安芸武田氏に、いわばとどめをさしたのが、戦国の英雄毛利元就であった。

永正13年（1516）、安芸武田当主の武田元繁が、毛利家当主毛利興元《おきもと》の急死で混乱している毛利家を討とうと、大軍をもって攻めてきた。

この時の毛利家は、後の「大毛利」ではない。安芸国の北側、すなわち海には面していない山側の吉田というところを、本拠としていた一国人に過ぎない。しかも、元就は毛利家当主ですらなかった。兄興元の子である幸松丸《こうまつまる》が正式な当主であったのだ。

だが、大将代理として出陣した元就は、小勢でありながら見事な用兵で、武田家の先鋒を撃破し、大将熊谷元直を討ち取った。

この「想定外」の敗北に怒り心頭に発した武田元繁は、再び大軍を率いて毛利を攻めた。毛利家危急存亡の秋《とき》である。

一度は武田の大軍を撃破したものの、二度目は正直きつかっただろう。しかし、ここでも元就は見事な用兵で、敵の大将武田元繁を討ち取ってしまうのである。

この「有田中井手《ありたなかいで》の戦い」、後世の人間は「西国の桶狭間」と呼んだ。これより後に、織田信長が今川義元を討ち取った戦いに匹敵するというのだ。これで安芸武田氏は滅亡への道をたどることになる。

だが、それでも毛利元就は安芸一国の大名にすらなれなかった。なぜなら周囲を尼子や大内といった大勢力に囲まれていたからだ。

その当時どれくらいの国力の差があったかといえば、尼子が横綱なら大内は大関で、毛利は幕内以下の十両筆頭ぐらいだろう。なにしろ、安芸一国すら毛利は掌握していないのに、他はいずれも数か国をもつ大大名である。

毛利家の悲願は海に面した宮島方面に進出し、強力な水軍と瀬戸内交易の莫大な利益を得ることだった。しかし、それは見果てぬ夢と誰もが思っていた。

毛利元就はこれを実現したどころか、尼子・大内の領土まですべて奪って、中国地方から九州の一部にまたがる「大帝国」を築き上げるのである。戦国大名の中でも五本の指に入る大英雄といえよう。

なぜ、元就は不可能を可能にしたのか。

元就は戦略だけでなく、謀略の天才でもあった。強運の男でもあった。海に進出するためには、どうしても大内を倒すしかない。しかし、元就の戦力では到底無理だ。ところがその大内家に内乱が起こって、当主の大内義隆が陶晴賢《すえはるかた》という男に殺されてしまった。

この晴賢を、元就は謀略でまんまと厳島におびき寄せ、討ち取ってしまった。この「厳島の戦い」の大勝利によって、元就は大内領を手に入れ、そこで貯えた力によって最終的に尼子まで倒し、「大帝国」を築き上げたのだ。

元就といえば、「三本の矢」の故事があまりにも有名だが、これは実話ではない。

元就には、隆元、元春、隆景《たかかげ》ほか男の子だけでも10人いたが、このうち長男の隆元は父親より早く死んでいる。だから、元就の臨終の床に3人の子が立ち会うはずはないのだ。

次男元春は吉川《きっかわ》家へ、三男隆景は小早川《こばやかわ》家へ養子に行った。養子といえば聞こえはいいが、実際は元就が自分の子を押しつける形で、この二つの家を乗っ取ったのである。

なぜ平地の広島に城を築いたか

長男隆元が死に、元就も死んだ後、本家は隆元の子（元就の孫）の輝元が継ぐことになった。

「三代目」というのは、どこでもそうだが、お坊っちゃん育ちで「会社」をつぶしてしまうことがある。実は輝元もそうだった。

その失敗を語る前にまず輝元の功績を語ろう。

実は、「広島」という名は輝元が命名したものだ。それまでは「己斐《こい》（鯉）」といった。そのため、広島城の別名を「鯉城」ともいう。プロ野球「広島カープ」の名はもちろん、ここからとられている（「carp 英語で鯉」。単複同型で複数でも「s」はつけない）。

毛利家の本拠は山側の吉田にあった吉田郡山《こおりやま》城で、安芸一国を取った後も、本拠はそのままであった。便利な「己斐」になぜ移転しなかったかというと、吉田郡山城は山城で守りが固いからだ。一方、己斐は低湿地で水攻めに弱いのである。

ところが、天下人織田信長は経済を重視し、今でいう大都市の場所に城を建てるようになった。

正確にいうと、信長時代はそれがまだ完全ではなく、後継者の豊臣秀吉が完成させた。大坂城である。

城は大都市の真ん中に築く。そして経済を重視する。「守りにくい」という弱点は、巨大城郭と堀でカバーすればいい、というものだ。秀吉は「豪邸自慢」で完成した大坂城を徳川家康や伊達政宗に見せびらかした。輝元も見せてもらった。そこで輝元は時代遅れの山城である吉田郡山城を捨てて、平地に巨大な城を造ることを思い立ったのである。

水攻めに弱いということも、大きな堀をつくってしまえばいいことだ。輝元はもう一つ信長・秀吉を見習った。新しく城を築く土地の名は、新しい名前に変える、ということだ。そこで「広島」と命名したのである。

ここまでは上出来だったが、頼りになる叔父の吉川元春、小早川隆景が共に亡くなった後、天下人豊臣秀吉も死に、ここに関ヶ原の合戦が起こった。実はこの時、輝元は石田三成のおだてに乗って、西軍総大将を引き受けてしまったのである。

実際には出陣せず「名義貸し」の状態だったが、負けたからたまらない。せっかく築いた広島城も、多くの領土もほとんど召し上げられ、長門《ながと》、周防の二か国（いわゆる防長《ぼうちょう》「二州」）に押し込められる結果となった。このときの怨念が幕末になって、長州藩毛利家の倒幕エネルギーとなったのだ。

その後、福島正則を経て浅野家が広島城主となり幕末まで続いた。「忠臣蔵」の赤穂浅野家はこの広島の分家である。

この地は明治になっても、地政学的な位置の良さによって発展し続けた。日清戦争のときは臨時の「首都」とされたほどだ。しかし、その「軍都」としての経歴が仇となって、昭和20年（1945）、結果的に人類最初の原爆投下の地にされてしまった。

広島城内には、このとき爆風を受けながら、原爆後に生き残った大木が今もある。

周防国

周防国《すおうのくに》というと、どこにあったか知らないという人が多いのではないか。ある調査によると現在の「県」の中で、一般に最も位置が知られていないのが島根県だという。その島根県も出雲国《いづものくに》のことだといえば、多くの人にイメージがわく。

しかし、周防国は山口県東部だといっても、残念ながら国名にせよ県名にせよ、あまりなじみがないと感じる人が大多数ではないか。

では長州藩といえばどうか？

桂小五郎（木戸孝允）、高杉晋作あるいは伊藤博文、井上馨《かおる》ら多士済々の志士のイメージが浮かぶだろう。松下村塾《しょうかそんじゅく》の吉田松陰《しょういん》を真っ先に思い浮かべるかもしれない。

長州とは長門国《ながとのくに》（山口県西部）の別称であって、周防国のことではない。しかし、長州藩といえば、実はその領地は長門国と周防国（防州《ぼうしゅう》）の二か国なのである。長州藩毛利家は長州一国ではなく

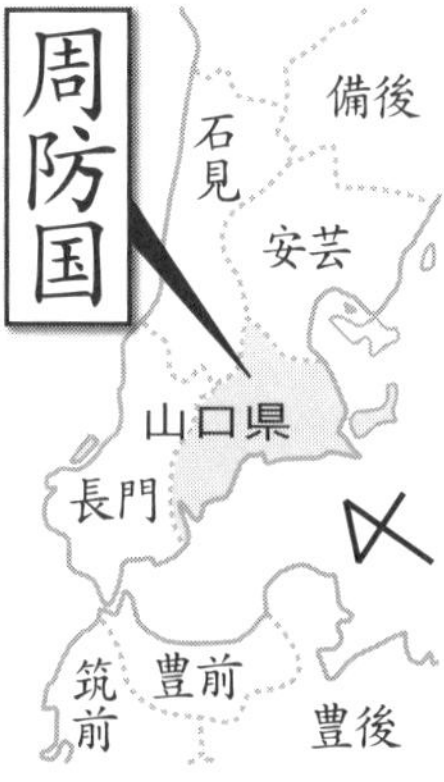

防長二か国三十六万石の大名なのだ。

既に述べたようにもともと中国地方百二十万石の大名であった毛利家は、豊臣政権の五大老をつとめた毛利輝元のときに徳川家康と対立した。

関ヶ原の戦い（1600年）のおりに、石田三成の画策によって輝元は西軍の総大将に祭り上げられたのだ。関ヶ原は実質的には徳川家康（東軍）vs石田三成（西軍）の戦いだが、西軍の名目上の総大将はあくまで毛利輝元であった。

輝元は、後の長州藩主に見られるような、人の良い「お坊っちゃん」であった。石田三成の口車に乗って西軍総大将となったが、西軍は関ヶ原で負けてしまった。

ところが今度は家康の「あなたは関ヶ原には出陣していないから罪はない。本領は安堵《あんど》する」という口車に乗って、せっかく豊臣秀頼という「錦の御旗」と共に天下の名城大坂城にいたのに、のこのこと外へ出てきてしまった。家康は待ってましたとばかりに、百二十万石を輝元から取り上げた。

これで毛利家はこの世から消えるところだったが、関ヶ原で家康に味方した毛利分家の吉川《きっかわ》広家が、本家を残してくれと嘆願したので、輝元は百二十万石から三十六万石に格下げされ、築いたばかりの広島城も取り上げられた。

しかも、家康は交通の便利な山陽道ではなく、山陰道に城を築くように毛利家に命じた。反乱を防ぎ、毛利家の経済的発展を封じるためである。

だから毛利家は、このあたりでは一番の大都会であった周防国山口に本拠を置くことができず、泣く泣く長門国萩《はぎ》に藩庁を置いた。ただ、幕末になって幕府の力が弱まると、毛利家では待ってましたとばかりに本拠を萩城から、山口に新しく築いた「政事堂」へ移した。

さて、山口が「大都会」というイメージも、恐らく多くの人はもっていないだろう。現在の「地方都市」の中でも、あまり知名度は高くないようだ。

だが、実は山口が日本を代表する都市であった時代がかつて存在した。しかも、その時代は、日本の首都である京都以上に山口の方が繁栄し、世界にも日本の代表的な都市として抜群の知名度を誇っていた時代があったのである。

古代の史跡が残っている防府市

その時代のことに触れる前に、古代からの周防国史を少し振り返っておこう。

この国は、朝鮮半島や中国大陸との交渉が深かった九州北部と、大和朝廷の本拠地である畿内を結ぶ、交通の要衝であった。すでに『日本書紀』に景行天皇（ヤマトタケルの父）や仲哀《ちゅうあい》天皇（神功《じんぐう》皇后の夫）が、この地を遠征のために通ったという記録がある。

そして、国府は海沿いの、後に周防国の玄関口となる三田尻の港（現在の防府《ほうふ》市）に設けられる。

ここで特筆すべきは、周防国国分寺の存在であろう。

国分寺は、奈良時代に聖武天皇（在位724～749年）が東大寺大仏殿を建立したとき、その「支店」として各国に造営させたものだが、長い歴史の変遷の中で焼亡したり廃寺となったりして、地名だけの存在となっている所も多い。また、復興されたものも当初の位置から移転したり、伽藍の規模が縮小されたものがほとんどである。

しかし、この周防国分寺は当初の位置に創建時の建物を上回る規模の伽藍が建立されているのだ。また、近くの国府跡もその遺構が極めて良好な形で保存されている。実際、古代国府の研究はまず防府から始めよ、という言葉が学界でささやかれたほどであるという。

ここまで国分寺が繁栄したのは、大きな理由がある。それは平安時代の末期に平家政権の南都（奈良）焼き討ちによって焼亡してしまった東大寺再建のため、源頼朝が周防一国の年貢を寄進したことだ。

鎌倉政権は武士の政権で、地方の寺社領を奪うケースが多かったが、周防国ばかりはその逆で鎌倉政権公認の下に東大寺が管理することになって、そこでそもそも東大寺の「支店」であった国分寺が復興整備されることになったというわけだ。

また国衙《こくが》（国府の中枢）も東大寺の「出先事務所」として存続した。だからこそ国府の遺構がよく残っているのである。政治の中心が防府から山口へ移ったことも、遺跡の保存にとっては良い条件であった。

“大都会”を造り上げた大内氏

ところで、その山口をこの周防国の中心とし、しかも世界に名の知れた大都会にしたのは、室町時代の守護大名の大内氏であった。

大内氏はもともと、日本に仏教を伝えたという百済《くだら》の聖明王《せいめいおう》の子孫だとされている。そして、室町時代においては周防、長門、安芸、石見、備後、豊前、筑前の中国地方から北九州へかけての7か国の守護として認められた大大名であった。

大内氏は領土も広大だが、その経済力は日本の大名の中では第一級のものだった。それは中国との貿易（日明《にちみん》貿易）をほぼ独占していたからだ。

明との貿易は室町時代初期においては、足利将軍家の独占であった。特に明の皇帝に使者を送り「日本国王」の称号を受けた源道義《げんどうぎ》こと三代将軍足利義満は、貿易の利で金閣寺を建立するなど北山文化を開いた。

しかし、将軍家が衰えると貿易の利は、大内氏や細川氏のような大陸に近い領地をもつ大大名に奪われるようになった。明（中国）は外国との対等な関係を一切認めない。貿易をどうしてもやりたければ中国皇帝に臣従することを誓い、その臣下として「日本国王」に任じてもらう必要がある。

「国王」というとエラいようだが、実は東アジアにおいては「中国に臣下として仕える周辺国の首長」という意味である。したがって、われわれの先祖は「中国の家来ではない」という自覚をもってからは、その「首長」に対して「天皇」という称号を使うようになったが、朝廷と対立して貿易の利を得ようとした足利義満は、あえてこのタブーを破ったのである。

大内氏もそれを見習った。というのは大内家の当主は、「日本国王」を名乗っていたらしい。そうしなければ明との貿易は不可能だったのである。大内氏が使っていたという「日本国王之印（木製）」は、防府市の毛利博物館に現在も保存されている。

とにかく、貿易の利は今も昔も莫大なものがある。応仁の乱で京都が衰退する中で、山口は「小京都」どころか京都をしのぐ大都会となった。

その証拠に、日本に初めてキリスト教を伝道しようとしたフランシスコ・ザビエルが、鹿児島に上陸したあと目指したのも、京都ではなく山口だった。その名は世界にも知られていたのである。ザビエルは大内家の当主大内義隆に面会した。

しかし最初は布教の許可を得られず、失望して京都に行ったが、京都は当時御所の内部の灯りが三条大橋の上から見えたという荒廃ぶりで、ザビエルは再び山口に戻り、ようやく義隆から布教を許されたのである。今、山口市にはサビエル記念聖堂がある。

大内氏から毛利氏へ、変遷の歴史

また、明で水墨画の技術を学び、日本画を大革新した天才画家雪舟も、この山口を拠点にしていた。雪舟といえば「山水図」が思い浮かぶが、あの独特の画風がその後日本のスタンダードになった。その雪舟が明へ渡ることができたのも、大内氏の庇護があったからといわれている。

しかし「文化国家」として大発展した大内氏は、戦国の荒波には耐えられなかった。ザビエルを歓迎した大内義隆は家臣陶晴賢の裏切りによって自害に追い込まれ、大内氏は滅んだ。そして漁夫の利を占めたのが、隣国安芸国（広島県西部）で大名ですらなかった国人の毛利元就である。

元就は初め大内氏に従っていた。元就の長男隆元も三男の小早川隆景も「隆」の一字は大内義隆からもらったのである。7か国にわたる大大名大内氏が、健在だったら、後の戦国大名毛利元就は存在しなかったろう。大内義隆が陶晴賢に殺されたからこそ、その晴賢を討つことによって毛利は中国地方から北九州までを傘下に置く大大名になることができたのだ。

その「大毛利帝国」が隆元の子（元就の孫）の輝元の時代にどうなったかは、この項の冒頭に記した。しかし、関ヶ原の「負け組」である長州藩毛利家と薩摩藩島津家の怨念が歴史を動かし、時代は明治維新へと進むのである。

ちなみに、幕末長州藩の軍事指揮官として戊辰《ぼしん》戦争を勝利に導き「日本陸軍の父」とされた村田蔵六（大村益次郎）は、当初は長州藩士ではなく、この周防国の村医者であり、また伊藤博文も井上馨も出身は周防国であった。

長門国

長門国《ながとのくに》は、現在の山口県北東部から西半分を占める。日本海にも太平洋にも、両者をつなぐ関門海峡にも接した珍しい国である。

長門というと、なじみがないが、長州といったらどうだろう。

幕末に志士を輩出した長州藩は、正式には長門国と周防国（防州）にまたがる藩であった。この二か国合わせて、現在の山口県全域に重なる。

古くは「穴門《あなと》」と呼ばれた。関門海峡は最大幅約1・2キロメートルの狭い水道で、これが太平洋から日本海に通ずる「穴」ということだろう。

今は、この下に関門トンネルという、日本最初の海底トンネルがあることは有名だ。

古くは、神功皇后の「三韓征伐《さんかんせいばつ》」の「神話」にも登場する地名だが、いつの間にか「穴門」が「長門」になった。佳字（良い字）を当てたものか？

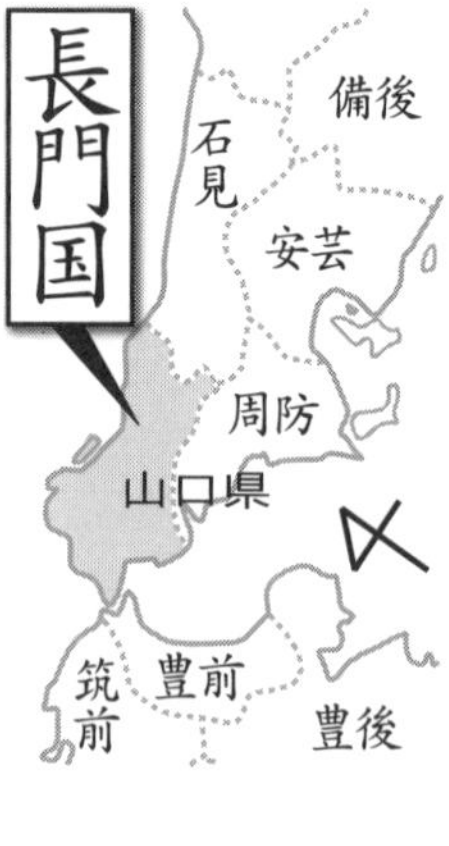

この長門国は古来有数の銅の産地であり、奈良時代に東大寺の大仏が築かれた時は、大量の銅がここから運び出されたと伝えられる。

それ以後は、大陸との交渉が九州大宰府を中心に行われたため、長門の要衝《ようしょう》下関の重要度は薄れ、歴史の表舞台にも登場しなくなった。

その国がにわかに脚光をあびたのは、平安時代末期の源平の戦いにおいて、である。

平家は「海の民」であった。

関東の大地に土着した源氏と違い、平家は伊勢国（三重県）や安芸国（広島県西部）などに勢力をもち、現地の水軍を傘下に置き海上貿易に力を入れた。

そして、天下を動かすほどに強大となった平家の総帥平清盛は何をしたかといえば、大輪田泊《おおわだのとまり》（現在の神戸港）を改修して、大型貿易船が入って来られるようにした。

また、平家一門の守護神である安芸国の厳島神社（宮島）への参詣を容易にするため、島と島の間を掘削して水路を造ったのも清盛だった。この水路は、現在「音戸《おんど》の瀬戸」と呼ばれている。

伝説ではここは清盛が一夜で切り開いたことになっている。

もっとも最近の地質調査によると、人工物ではないという見方もある。しかし、平家がこの水路を大いに活用したことは間違いない。

その平家が源氏の木曾義仲に敗れて都落ちをした時、拠点としたのが神戸（一の谷）であり四国屋島であり、この関門海峡の彦島であった。

天才武将源義経の出現によって、落ちるはずのない一の谷が陥落し、屋島も奪われた。残るは彦島だけである。

源平合戦の舞台となった壇の浦

文治元年（1185）3月24日、平家に残された最後の「艦隊」と、源氏の水軍との戦いが行われた。いわゆる壇の浦の戦いである。壇というのは、関門海峡にのぞむこの地が、まるで海に突き出した壇のように見えるからだが、平家の意表を衝く戦法で常に勝ってきた義経は、ここでも平家の予想もしない作戦を取った。

それは、水夫《かこ》および楫取《かんどり》、すなわち、船を動かす船員たちを先に矢で射殺すというものだった。これは実は「ルール違反」なのである。なぜなら、当時戦は武士や兵（足軽という言葉はまだなかった）がするもので、船員は非戦闘員というのが常識だったからだ。

現代は、たとえば爆撃機のパイロットは、実際に銃を撃たなくても爆弾を運んでいるのだから戦闘員と考えるのだが、当時はそういう考え方はなかった。

ところが義経は常識にとらわれない、まさに天才の発想で「船は彼らによって動いている。だから彼らを殺せば船は止まる」と考え、この「ルール破り」を命じたのである。

怒った平家の大将の一人平知盛《とももり》は、せめて義経だけは討ち取ろうと追い回したが、義経は次々と船を飛び移って逃げ、ついに知盛は断念せざるを得なかった。いわゆる義経の「八艘《はっそう》飛び」である。

知盛はヨロイを二枚重ね着して海中に身を投げた。平家の武士は水練《すいれん》（水泳）の心得があったらしい。もちろん、この時代水泳というのは特殊技能だ。だから水にちゃんと沈むようにヨロイを重しとしたのだろう。ちなみに歌舞伎では大碇《おおいかり》の綱を体に巻いて飛び込むことになっている。

総大将の平宗盛《むねもり》（清盛三男、長男、次男は早世した）も息子清宗と共に海に飛び込んだが二人とも重しを何もつけなかったものだからついつい泳いでしまい、源氏方に捕らえられてしまった。

女性陣では、二位尼《にいのあま》（清盛の妻）が孫にあたる安徳天皇を抱き、さらに皇位を象徴する三種の神器のうち剣《つるぎ》を持ったまま入水《じゅすい》し、帰らぬ人となった。

しかし、その二位尼の娘で、安徳天皇の母でもある建礼門院《けんれいもんいん》（平徳子）は入水したものの、沈まずに泳いでいるところを源氏の兵の熊手にひっかけられ救助されてしまった。

出家していた二位尼は僧服だが、建礼門院は十二単衣《ひとえ》のような部厚い衣《ころも》を着ていたに違いない。その浮力で浮いていているところを、「助けられてしまった」というわけだ。

総大将の平宗盛父子は後に処刑されるが、建礼門院は「国母《こくぼ》」ということもあり、洛北大原の寂光院《じゃっこういん》に入り生涯を終えた。

義経の勝利は敵の「艦隊」を全滅させ、総大将まで生け捕りにするという、後の日本海海戦での東郷平八郎の勝利に匹敵するものだった。

源氏の勝利を確実にしたほどの大功を挙げた義経が、その後わずか数年で無惨な死に追いやられると、その時点で誰が想像しただろうか？　まさに歴史は筋書きのないドラマである。

ドラマといえば、怪談として有名な「耳無し芳一《ほういち》」はこの地が舞台である。平家一門はここで滅亡したため、関門海峡に面した地に阿弥陀寺《あみだじ》が設けられた。その阿弥陀寺での「お話」なのだ。

ただし、ここには安徳天皇の墓もあったため、明治以降の神仏分離令の影響で、現在は赤間神宮となっている。「波の下の都」にいる安徳天皇をしのぶ、神社には珍しい龍宮風の門がある。

平家滅亡以後は源氏の世の中になるわけだが、源氏は三代で北条氏にとって代わられた。その北条が大陸で勃興《ぼっこう》した元を迎え撃ったのが元寇《げんこう》である。主に北九州が戦場となったが、このあたりも敵の侵攻に備えて防塁《ぼうるい》が造られた。

幕末の志士を輩出した長州藩

戦国時代に入ると、その北九州も含めて、このあたりは大内氏の領国であった。中央政府である室町幕府が衰えていたので、大内氏は勝手に「日本国王」を名乗り、明国との貿易を独占した。

中国は基本的に対等な国家関係というのを認めないから、中国皇帝に朝貢《ちょうこう》して「日本国王」に任じてもらわないと、国と国との正式な交易はできないのである。日本は「われわれは中国の属国ではない」という意識から天皇という称号を用いたが、そのため、それ以後は明治に至るまで朝廷は中国との正式な貿易はできなかった。

代わりに室町三代将軍足利義満や、大内氏の歴代が勝手に「日本国王」となって正式な貿易（勘合符《かんごうふ》貿易）を行ったわけである。ちなみに勘合符とは、中国から与えられた正式な貿易の許可証である。

日本絵画史上最大級の画家の一人であり、もともとは備中国（岡山県西部）出身だった雪舟が、この隣国周防国の中心地山口に画房「雲谷庵《うんこく》」を営んだのも、中世の一時期、このあたりの大内領が大陸への玄関口だったからだ。

しかも、雪舟は新しい画境を求めて勘合船に便乗し、明へ渡った。3年で帰国し、当地では良師には恵まれなかったようだが、名作に触れ中国の雄大な景色を実感したことが、後の画業の大成につながった。雪舟は日本水墨画の大成者と呼ばれている。

例の『新人国記』には、長門の風俗として「万事ゆったりとおだやかで、落ち着いた話しぶりだ。何事にも、思慮《しりょ》深いが、おたがいの意見を気にし遠慮する。何事も始まればば突っ走るが、あきるのも早い。武士としては、あんまり良い風俗とはいえない」とあるが、この風俗はやはり大内文化の中で育まれたものだろう。

しかし、その大内氏の繁栄も、まず大内義隆が家臣の陶晴賢によって滅ぼされ、その晴賢を毛利元就が滅ぼしたことで消滅した。

こうして、長門国は周防国や九州の筑前国と合わせて毛利氏の領国となったが、毛利では東の織田信長との対決に重きを置いたため、長門国は忘れられる形となった。その間、日明貿易の拠点は筑前国博多に移った。

また、秀吉の「唐入り」いわゆる「朝鮮出兵」の折にも前進基地とされたのは肥前国名護屋であった。

そして、毛利は輝元の代に関ヶ原の西軍の総大将にかつぎ上げられた。西軍の「コーディネーター」は石田三成であったが、名目上の総大将はあくまで毛利輝元だったのである。

しかし、関ヶ原では負けた。その結果、毛利は百万石以上あった領地を大幅に削られ、周防と長門つまり防長二州に押し込められた。これが長州藩である。

長州藩を別名「萩《はぎ》藩」というが、それは徳川政権が関ヶ原の「負け組」である毛利家に、豊かで便利な土地である周防国山口に城を築くことを許さず、結局毛利家は日本海側の長門国萩に小城を建てざるを得なかった。

幕末になると、萩の松下村塾で吉田松陰に鍛えられた若者、桂小五郎、高杉晋作、伊藤博文、山県有朋、品川弥二郎らが、世の中を変えた。こうした時期に長州藩は長門国から周防国の山口に政事堂を置いて、実質的に首府を移転した。

だが、無謀な戦いもあった。長州の過激派は、桂や高杉が「やめろ」というのも聞かず、関門海峡を封鎖して外国船を片っぱしから砲撃した。「攘夷」の実行のためである。

怒った英・米・仏・蘭の4か国は連合艦隊を組んで長州の砲台を完全に破壊した。これが馬関《ばかん》戦争（1864年）であり、これ以後長州藩は無謀な攘夷をやめ、開国そして文明開化への道を歩むのである。

この講和交渉の時、イギリスはかつて平家が艦隊基地を置いていた彦島の租借《そしゃく》を要求した。「香港」と同じことを考えたのである。しかし、長州の全権大使となった高杉晋作は、粘りに粘ってこの要求を撤回させたのである。

そして、その明治人の悲願であった列強の侵略をはねのける、強い海軍をつくった。しかし、その象徴でもあった、大和につぐ巨大戦艦長門が、最終的にはアメリカ軍に没収され、原爆実験の標的艦になったのも歴史のはかなさを感じさせる出来事であった。

第三章

山陰道

丹波国　伯耆国
丹後国　出雲国
但馬国　石見国
因幡国　隠岐国

丹波国

今の京都府中部と兵庫県北東部を占める山国である。

京都府北部にあたる丹後国《たんごのくに》も、昔はこの丹波国《たんばのくに》の一部であったが、奈良時代に両国は分かれた。

ほとんどが山地で、その隙間にいくつかの盆地があるという地形だが、既に縄文時代から人が住んでいたとみられ、弥生時代以降は多くの古墳が造られた。

古代の国制では、国の中はいくつかの郡に分かれるが、どの郡に国府があるか、あるいは一の宮があるか、で中心地が決まる。もちろん、国分寺もそうだが、国分寺は奈良時代に聖武天皇の命令によって創建されたから、それまでに存在した国府と同じ郡にあるケースが多い。

一方、一の宮は大和朝廷の権力が及ぶ以前から、存在する神社であることが少なくないので、国府とは違う郡に所属することがある。

この点、丹波国はこの三つの要素がすべて同じ桑田郡にある。それほど平地に恵まれない国であったため、このような形になったのだろう。

丹波国一の宮は出雲大神宮で、なんとあの出雲大社から勧請《かんじょう》したものという。イズモ系の神は、ヤマト系に反抗し征服されたと私は考えているが、ならばなぜそうした神をこの都近くの丹波にもってくる必要があったのか？

正直いってよくわからない。

ひょっとしたら、この地は大和朝廷に長い間反抗していたのかもしれない。

そこでヤマト系の神として勧請されたのが、同じ桑田郡にある篠村《しのむら》八幡宮（京都府亀岡市）だろう。八幡宮といえば応神天皇ということになっているが、まさにその応神天皇陵と伝えられる大古墳（大阪府羽曳野《はびきの》市）にある誉田《こんだ》八幡宮から、分霊されたものである。

八幡神はまた武神でもあることから武士階級の信仰も集め、朝廷勢力と武士に共通する信仰対象となった。初めて武士の政権を開いた源頼朝が、幕府を置いた鎌倉の地に鶴岡八幡宮を築いたのもそのためだ。ちなみに鶴岡の分霊は、京都の石清水《いわしみず》八幡宮から勧請されたものである。もともとは八幡神は一体であり、どこから勧請しようと同じことなのだが――。

ところで、この篠村八幡宮は、鎌倉時代の終わりに打倒幕府、打倒北条氏ののろしを上げた足利尊氏《たかうじ》が戦勝祈願をした神社としても有名で、そのとき尊氏が奉った願文《がんもん》が今も保存されているという。

ちなみに尊氏は天下を取って室町幕府を開いた後に、戦いで亡くなった人々の霊を弔うために各国に安国寺を建てたが、丹波安国寺のある地（綾部市）は、尊氏の母の実家のあったところだ。

尊氏の母は上杉姓で、このあたりに勢力をもつ豪族であった。

有力な守護、地頭が出なかった国

鎌倉時代、幕府は各国に守護を置いた。これがいわゆる守護大名に発展していくわけだが、この丹波国は初期の頃には、守護が置かれた形跡がない。どうやら中央（鎌倉）で執権をつとめる北条氏の直轄領であったらしい。

やがて、北条氏以外の氏族が新しく地頭として、この地に移ってくるようになる。これは承久の乱で反幕府派の後鳥羽上皇が失脚し流罪にされたことによって、欠所（領主のいない土地）となった荘園に、幕府が新たに任命した武将が地頭として入ってきたものらしい。

だが、それらはいずれも発展せず、室町時代になって大大名の山名氏そして細川氏が守護として赴任することによって、ようやく落ち着く形となった。

ところが、この細川氏の支配に対して反抗の火の手が上がった。

このときの細川家の当主を政元という。

政元は極端な変わり者であった。妻もめとらず子もなさず、「殿様」のくせに放浪癖があって、時々プイといなくなってしまう。また飯綱権現《いづなごんげん》という、深く信ずれば飛行能力などの超能力を得られるという神の熱心な信者であった。

実は、丹波国とは関係ないが、川中島の合戦で有名な上杉謙信も、毘沙門天だけでなく飯綱権現の信者であったことは、愛用していたカブトの前立《まえたて》（前につける飾り）を見てもわかる。飯綱権現の像なのである。

キツネに乗って不動明王のように剣を抜いた姿だ。これから妖術使いのことを「飯綱使い」ともいうようになった。この神から超能力を授かるためには、重大な条件が一つある。女色を完全に絶たなければならないのだ。

政元が妻をめとらなかったのはそのせいだが、おそらく上杉謙信もそうであったのではないか。政元も謙信も妻子をもたなかったし、養子を二人とったが、その養子が殺し合いをしたという共通点もある。

上杉謙信の場合は死後にその争いが起こったのだが、細川政元の場合は生きているうちから派閥抗争が始まり、そのために政元自身が暗殺されてしまうという重大な事態を招いた。

丹波亀山城を居城にした光秀

その結果、細川の領国であった丹波国の国人たちも、またまた争いを始めて、国は中小の国人が乱立状態で治めるという、他の国にはあまりない形態となり、そのまま戦国時代に突入した。

こうした「中小国人」の中でも、比較的大きな勢力であったのが波多野氏で、波多野氏は京を抑えて天下統一を進める織田信長に徹底的に抵抗した。

信長は自分の部下の中で、最も優秀な大将の一人である明智光秀を丹波攻略司令官とした。光秀は主君信長の期待に応えた。波多野氏の八上《やがみ》城を見事に攻め落とし、丹波一国を完全に平定したのである。信長は「光秀の働き比類なし」と激賞し、それまでの領国であった近江国に加え、丹波国を領地に与えた。光秀は近江坂本城から、昔の丹波国の国府に近い亀山に居城を移した。丹波亀山城（亀岡市）である。

光秀はここでかなりの善政を敷いたらしい。近くの福知山には光秀を神として祀った御霊《ごりょう》神社がある。この神社の例大祭はこの時代から、一の宮である出雲大神宮をしのぐものとなっている。光秀は武将としては群を抜いた知識人でもあり、文化人でもあったから、おそらく領民をいたわる政治をしたのだろう。

ところが、そのおだやかな時期も長く続かなかった。主君の信長から「中国路で毛利と戦っている羽柴秀吉（のちの豊臣秀吉）の応援に行け」という命令が下ったからだ。

そこで、光秀は天正10年（1582）6月1日夜、1万3000千人の軍勢を引き連れて、丹波亀山城から出陣した。もちろん、行き先は中国路のはずだった。

ところが、軍勢は山城国（京都府南部）に入った途端、老の坂という分岐点で道を東に取った。西に行けば中国路だが、東へ行けば洛中（京都市内）に入ってしまう。

そこで光秀は「敵は本能寺にあり」と叫んだという。日付を超えた6月2日未明、少人数の家来と共に本能寺に宿泊していた信長を急襲し自刃に追い込んだ。いわゆる本能寺の変である。

明智光秀の謀反に対する諸説

この本能寺の変の原因について、昔から様々な「信長の光秀に対するイジメ話」が伝えられている。

たとえば、丹波八上城攻略のとき、光秀は自分の母を人質にして城主の波多野三兄弟を城外に連れ出した。もちろん、命は助けてやる約束だったのだが、信長が「殺せ」と命令したために殺さざるを得ず、その結果怒りに燃えた城兵に母を殺されてしまったとか。

信長は光秀を死に物狂いで働かせるために、領国の近江と丹波を取り上げて、まだ攻め取っていない敵（毛利）の領国である出雲・石見《いわみ》を与える（これは事実上無禄《むろく》で戦えということだ）、といったとか。

まあ、様々な話が伝わっている。しかし、これらは専門の学者が研究したところでは、すべて後世の、しかも当てにならない書物に載っている話で、信用できないということだ。

信長は光秀を高く評価していた。一介の旅浪人であった光秀を大大名にしたのも信長だ。だから、その光秀が信長を殺すはずはないのに実際には殺した。つまり、それは陰でよほどひどいイジメを受けていたのだろう――そう解釈した人間がそれをデッチ上げたのである。

これを私は「逆算の論理」といっているが、いわゆる「忠臣蔵」の浅野内匠頭長矩《たくみのかみながのり》にもこれがある。興味のある方は拙著『逆説の日本史⑭』を見ていただきたい。

では、光秀についてはどうかといえば、私はノイローゼによる発作的犯行と見ている。つまり黒幕はいないということだ。

丹波国が歴史上で目立つのは、このあたりまでである。昔から山深い国で丹波栗などの名物もあるが、やはり米の生産力の小さいところは多くの人口を養えず、歴史の舞台に出てくる機会は少なくなるのだ。

ところで、デカンショ節をご存じだろうか？　「デカンショ、デカンショで半年暮らす　アヨイヨイ　あとの半年寝て暮らす――」という歌詞でおなじみだが、実はこれは丹波国の篠山《ささやま》藩の領内で歌われていた民謡が元歌なのである。

それが全国に普及したのは、明治になって篠山藩主であった青山家が、郷土の優秀な若者を東京に呼んで寄宿舎に預かったことからだという。そうした若者が替え歌を作って歌ったところ、一高生（旧制第一高等学校の生徒）が気に入って、そこから広まったといわれている。

ちなみに「デカンショ」は当時学生に人気のあった西洋の哲学者「デカルト、カント、ショーペンハウエル」を略して一つにしたものという話だ。

丹後国

現在の京都府北部である。

いわゆる京都とはまったく雰囲気が違うので、京都府といわれると意外な顔をする人が少なくない。若狭国《わかさのくに》（福井県西部）と但馬《たじま》国（兵庫県北部）に挟まれ、日本海に面しているのだから、これは盆地の中心である京都市とはまるで違う。

他の日本海側の諸国と同様、古代この地はむしろ中国大陸や朝鮮半島との往来が盛んであった。多くのチームで監督をつとめた野村克也氏の出身地でもある、丹後《たんご》半島の中心地峰山（現、京丹後市）からは、弥生時代の土器や石器等が大量に出土しているし、但馬国国境に近い久美浜では、中国の「新《しん》」時代の貨幣（貨泉）が発見された。

「新」などという王朝は聞いたことがないという人が多いかもしれないが、漢に前漢と後漢があるのはご存じだろう。では、なぜ漢王朝は二つに分かれたかといえば、漢を短期間（約15年）

王莽《おうもう》という男が乗っ取ったからである。

その王莽の建てた王朝こそ新であった。王莽が結局、漢の王族の蜂起に破れ、その身体は兵士たちによって食べ尽くされたというが、そんな短い期間の王朝の「形見」が日本で発見されたのである。

ちなみに、後漢の時代に日本列島の中にあった「奴《な》国」の王に、光武帝が授けたとされる印が、九州志賀島《しかのしま》で発見された「漢委奴国王印《かんのわのなのこくおういん》」である。

邪馬台国の卑弥呼が使者を送るのは、この後漢が滅んで三国時代になった時だから、丹後国の大陸とのかかわりの深さがよくわかるだろう。

日本海側の諸国がすべてそうであるように、古代も奈良から平安時代になると、繁栄は日本海側から徐々に太平洋側に移る。日本が海外との交流をやめ、カラに閉じこもる時代になったからだ。かつては「中国への玄関口」だった丹後国も、むしろ都から遠い秘境とされるようになった。

通説と違う羽衣と浦島の伝説

そこでこの地は「伝説の地」となった。ただ山深いだけではだめで、そこには古い伝統がなければならない。こうした条件に丹後はぴったりとはまったのだ。

伝説といえば誰でも知っているのが羽衣《はごろも》伝説と浦島太郎だが、この二つの伝説の最も古いパターンを伝えるのが、この丹後国である。

羽衣伝説は、峰山に残っている。

天女が水浴しているところ、天に昇るために必要な羽衣を取られてしまう、というのが大筋である。通常では羽衣を取るのは若い男で、天に帰れなくなった天女と結婚し一子を設けるが、やがて羽衣を見付けられてしまい、天女は天に帰るというのが一つのパターンになっている。

しかし、この丹後に残る古い羽衣伝説では、まず天女の羽衣を奪うのは、子のいない老夫婦であり、衣を奪われた天女は一度羽衣を取り返す。老夫婦が「娘になってくれ」といい、それに従うと誓ったからだ。

もっとも老夫婦は衣を渡せば天に帰ってしまうのではと天女を疑うのだが、天女は騙すなどというのは人間界だけのことと、老夫婦をたしなめる。老夫婦は恥じて天女と一緒に暮らすのだが、そのうちに疎《うと》ましくなってイビリ出すという、ひどい話になっている。

天女は嘆き悲しみ、漂泊の末に落ち着いた先が奈具《なぐ》という場所である。心が「なぐ」つまりおだやかになってそこへとどまったというのだ。

この羽衣伝説は全国各地にあるし、特にどこが発祥とはいえない。駿河国（静岡県東部）の三保の松原の話は特に有名で、謡曲《ようきょく》（能）の「羽衣」も、この場所の話になっている。

ところが浦島太郎という話の発祥は、どうもこの丹後半島らしいのだ。

この件に関する最も古い記述は『日本書紀』の雄略《ゆうりゃく》天皇記であり、そこには丹後国の話だと明記されている。

むかしむかし浦島太郎という若い漁師が、釣り上げた亀を助けてやった。すると美しい女人が現れ、太郎をはるか沖の国に連れていった。そこは龍宮城といい、2人はそこで夫婦となって3年楽しく暮らしたが、太郎はどうしても故郷のことが気になった。

そこでぜひ帰りたいというと、女人は嘆き悲しんで「実は私はあなたに助けていただいた亀の化身です。もう二度とお会いできないでしょう。これを形見に差し上げます」といって玉手箱をくれた。

ところが(たぶん舟で)太郎が故郷に戻ってみると、様子がまったく変わっていて知っている人は誰もいない。一人の老人だけが「浦島太郎」の言い伝えを知っていた。その「若い男」が消えてから何と700年の月日がたっているという。

意気消沈した太郎は、決して開けてはならないといわれた玉手箱を開けてしまう。

そこで白い煙が出て、太郎はおじいさんになってしまうのだが、そのあと太郎は鶴と化し海の彼方の理想郷「蓬莱山《ほうらい》」に飛び去ったという。

今のスタンダードとは少し違う。

まず、今の話では太郎が結婚するのは「助けた亀」に連れて行かれる龍宮城の乙姫《おとひめ》である。だが、この話は「カメの化身」だ。「鶴の恩返し」にもあるように、やはり命を助けられた鳥獣類が化身となるというのが古い形だろう。

陰陽師で有名な安倍晴明《あべのせいめい》も狐の子だといわれているが、それは父の保名《やすな》が狩《かり》で殺されかけた女狐を助けたからだ。女狐は感謝して美しい女人に化け、保名の妻となったのである。

「鶴の化身」ならいいが、「亀の化身」はダメなのか? しかし、結末は古い話の方が救いがある。

亀を助けた太郎が、何も悪いことはしていないのに、ただ「おじいさん」になってしまっただけで終わるというのは、いかにも気の毒だ。まあ快楽をむさぼったという「罪」はあるかもしれないが――。

古くから知られる名勝・天橋立

丹後国には、日本三景の一つに数えられる天橋立《あまのはしだて》もある。

日本海に向かって口を開いた宮津《みやつ》湾の一角から、対岸に向って突き出た全長約3キロメートル、幅が最短40メートル、最長100メートルの砂嘴《さし》である。

砂嘴とは沿岸の複雑な流れが砂や小石を堤のように堆積させてできた地形で、先に紹介した三保の松原もそうなのだが、この天橋立はまさに橋を立てたかのごとく、細長いのが特徴だ。すでに『丹後国風土記』に載っており、歌枕《うたまくら》にもなっている。

百人一首の「大江山　幾野《いくの》の道の　遠ければ　まだふみもみず　天橋立」は有名だが、皮肉なことにこの歌（小式部内侍《こしきぶのないし》作）は「まだ天橋立には行ったことがない」という歌なのである。

室町時代には、水墨画の天才雪舟も題材に取り上げている。

この天橋立には昔から計画的に松が植樹され、まさに白砂青松の地となっているが、これを見物するのに独特の方法があるのをご存じだろうか？

「股《また》のぞき」という。わざわざ体操の時のように体を前屈させ、股の間から天橋立をのぞくのである。こうすると実に美しく見えるという。ただ、筆者もそうしている写真は見たことはあるが、実際にやったことはないので、本当にいいかどうかは保証の限りではない。

江戸期の肥後細川家ゆかりの地

この天橋立のある港町が宮津である。

実は中世の丹後というのは、一色《いっしき》氏の支配下に置かれたが、この一色氏が戦国大名としてはふるわなかったために、あまり歴史には登場しない。むしろ織田信長以降、その政権下の大名であった細川藤孝（幽斎）、忠興《ただおき》親子のエピソードの方が有名だ。

細川忠興の夫人こそ絶世の美女とされた細川ガラシャ（洗礼名）である。本名は「たま」といったらしいが、この人は明智光秀の娘であった。そこで本能寺の変で信長が光秀によって殺されると、忠興は妻と一時離別し、領国であったこの丹後国の味土野《みとの》に幽閉させていた。

また、この時、忠興に家督と宮津城を譲って出家の身となり幽斎と名乗った父の藤孝は、文武兼備といわれる名将であった。秀吉の死後、関ヶ原の戦いが起こった時、細川家は東軍についたが、幽斎は居城としていた丹後田辺城（舞鶴市）を攻められ、落城寸前までいった。

しかし、救いの手は朝廷からきた。幽斎は当時天皇家でも受け継がれていなかった、歌道の奥義《おうぎ》「古今伝授《こきんでんじゅ》」の継承者であったのだ。時の帝《みかど》である後陽成《ごようぜい》天皇の勅令により、田辺城の合戦は休戦となり、幽斎は生き延びた。

これはあくまで朝廷が救いの手を差しのべた形になっているが、おそらく幽斎が政治工作をしてそういう形に持っていかせたのだろう。幽斎は足利将軍家に仕え、信長に仕え、秀吉に仕え、最後は家康を選んで肥後五十万石の細川家の基礎を築いた強者《つわもの》である。

また、ガラシャ忠興夫人はこの頃許されて大坂にいたが、西軍の石田三成《みつなり》が夫人を人質にとろうとしたので、夫人は家来の手で命を絶たせた。キリシタンに入信していた夫人は、自害（自殺）は戒律に触れるためにできなかったのである。

江戸時代になると、丹後の宮津は丹後縮緬《ちりめん》の出荷港として、北前船の中継点として栄えた。丹後はもともと絹の産地だったが、京の西陣織の技術を取り入れて独自の絹織物を生み出した。これが丹後縮緬だ。

宮津は江戸中期以降本庄氏七万石の城下町だったが、江戸の吉原を模した大遊廓ができ、お座敷歌としての宮津節が全国的にも知られるようになった。

一般に「二度と行こまい　丹後の宮津　縞《しま》の財布が空《から》となる」という歌詞が知られているが、宮津節は「宮津おどり」の中の一曲に過ぎず、その内容はさらに深いものがあるという。

但馬国

人間でも派手な人と地味な人がいるように、国にもそれがある。控え目ということとも少し違う。たとえば出雲という国は万事控え目だが、出雲大社という「派手」な文化がある。但馬国（兵庫県北部）はそういうものもない。

大体多くの人が但馬といって、どういうイメージを浮かべるだろうか？　剣豪柳生但馬守《たじまのかみ》宗矩《むねのり》（十兵衛三厳《みつよし》の父）は、江戸時代の官名の習慣に沿って「但馬守」を名乗ったに過ぎず、名奉行大岡越前守が越前国と関係がないのと同様、何の地縁もない。

この点さすがに凄いなと思うのは『人国記』であって、室町時代と推定される著作でありながら、この但馬国にもきちんと触れている。だが、他の国に比べたら極めてそっけない。

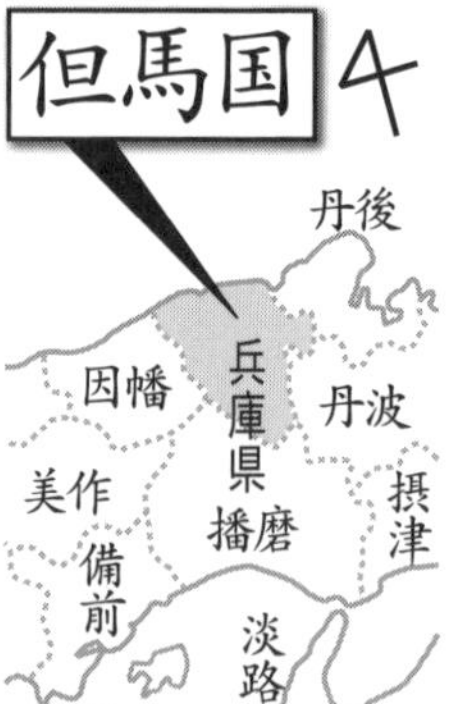

但馬の国の風俗は、丹後・丹波よりは勝《まさ》れり。根性に実儀あり。取り分け、出石《いずし》・気多《けた》・城崎《きのさき》・

二方《ふたかた》の郡《こおり》は頼もしき意地あり。朝来《あさご》・養父《やぶ》郡の者は意地きたなく、盗人多し。両丹の風俗の中分《ちゅうぶん》にして、善にも悪にも従ふ風儀なり。

（『人国記』岩波文庫）

「盗人多し」などひどいことをいっているが、実は養父郡（丹波国との国境）あたりは、「尖頭器」と呼ばれる土器以前の石器が発見されている。縄文よりも歴史は古いということだ。そして土器の時代、つまり縄文・弥生に入っても、かなり重要な土地だったらしい。

隣の朝来郡（現、朝来郡）の「城《じょう》ノ山《やま》古墳」（円墳）からは、箱形木棺が発掘され、中から、邪馬台国の鍵をにぎるとされる三角縁神獣鏡、釧《くしろ》（ブレスレット）、玉類、鉄製品が多数発見された。

そして養父郡（現、養父市）にある但馬国内最古の神社といわれる養父神社は、社伝では崇神《すじん》天皇の頃というから、本当なら3世紀ということになる。日本初めての「神名帳」ともいうべき『延喜式』では、但馬には131の社（これを『延喜式』に記載があるので式内社という）があり、これは全国第5位の数だという。

山岳信仰と仏教が融合した地

「但馬」とは「谷間」が語源だそうだ。それほど山が多く平地が少ない。だから、後に山岳信仰が盛んになり、多くの寺も建立されるようになった。

本地垂迹説《ほんちすいじゃく》の流行である。

日本では伝統信仰として神道があるところに、後から仏教が入ってきた。そこで当初はどちらを信じるべきかで、戦争になった。聖徳太子が、蘇我氏に協力して物部《もののべ》氏を倒したのはこの時である。

しかし、日本人はもともと争いを好まないし、争いは避けるべきだという哲学（和の思想）が昔からある。この和の思想に沿って、仏教と神道という本来は別のものを融合させたのが本地垂迹説だ。

簡単にいえば、日本古来の神はそもそも仏の化身であって、最初は日本人になじみがあるように神として現れたが、それで地ならしは済んだので仏の姿で戻ってきたということだ。こうすれば、元々「神」と「仏」は同じものだったということにもなる。

この場合、あくまで本体は「仏」で「神」は仮の姿ということになるが、その本体である仏のことを「本地仏《ほんちぶつ》」という。たとえば日本神話の中心の神であり、天皇家の祖先神でもある太陽の女神アマテラスは、大日如来だということになっている。

だから昔は高山、霊山にあった社《やしろ》の横にあとからその本地仏を祀《まつ》る寺が建てられ、その寺や社に参詣したり修行したりする人々の泊まる宿坊ができ、全山何十坊の規模にもなる。養父神社にもかつてそういう寺（個々の名前はあるが、そうした寺を一般に別当寺という）があった。

しかし、今はまったく失われている。兵火による焼亡もあるが、明治になってからの国粋主義の運動「廃仏毀釈《きしゃく》」によって、破壊されたところも少なくない。それまで日本は「神仏は一つ」だったのである。

国内有数の鉱山だった生野

「谷間の国」は平野はないが山々には恵まれている。日本古来の山岳信仰によって意外に昔からこの地は開けていたのかもしれないが。

実はこの国には、異国人の漂着伝説が多い。

古くは朝鮮の王族天日槍《あめのひぼこ》が漂着ではなく、集団移民のような形で渡来したと、『古事記』『日本書紀』にある。そして、その天日槍を御祭神としているのが、但馬国一の宮の出石《いずし》神社である。

近畿地方を中心に但馬を見ると、どうしても「山奥」という感じがしてしまうが、その先は日本海である。大陸や半島との交流が盛んな頃はむしろ「通り道」だったのだろう。そう考えれば古くからこの「山奥」が開けていた理由も納得がいく。

この国が人を引きつける魅力はもう一つあった。

日本最大級の銀鉱である生野《いくの》銀山の存在だ。

生野がいつから本格的に銀を産するようになったのか、詳しいことはわからない。

おそらく室町時代あたりからだろう。もしもっと早く開発されていたのなら、『日本書紀』のような文献に必ず載るはずだ。

ちょうど織田信長の少し前の時代、山名祐豊《すけとよ》がこの地を支配していたらしい。死後の戒名が「銀山寺殿」というからだ。

その後、この地は山名氏から信長・秀吉へと支配が移り、最終的には徳川家の直轄地となった。年間二千数百貫という途方もない量の銀を産出したこともあったというが、次第に枯渇し江戸時代末期には銀山としての寿命を終えた。

しかし、明治時代になると西洋の優れた採鉱技術が導入されたため、銀山ではなく銅山として甦った。現在はその銅も取り尽くされ廃鉱になっている。

山名氏が活躍した室町時代

ところで、中世このあたりは山名氏の支配地であった。山名氏は室町大名（守護大名）の名門である。室町時代に足利将軍家から正式に大名として任命されたのを守護大名という。後にこれは衰え、下剋上の風潮の中で下から成り上がった武将にとって代わられる。これが戦国大名だ。

だが、それは室町時代末期の話で、室町時代の初期から中期にかけては守護大名の力はすさまじいものがあった。

というのは、室町幕府というのは幕府としては力が弱く、江戸幕府のような強力な権力はもっていなかった。これは様々な理由があるが、江戸幕府の祖徳川家康が関ヶ原の戦いによって反対派を潰し領地を没収できたのに対し、室町幕府の祖足利尊氏は大名連合の「議長」として朝廷と戦った、というところに原因がある。

大名の側でも将軍家とはそれほど格の差はないという意識があった。六代将軍足利義教《よしのり》が大名の赤松満祐《みつすけ》に暗殺されたほどだ。その「強い」大名の中でも最も強力だったのが実は山名家なのである。

日本六十余州（国）のうち、最盛期の山名家は11か国を領し「六分一殿」と呼ばれた。山名氏はもともと上野国（群馬県）出身の新田氏を先祖とする一族であったが、南北朝時代には南朝（新田方）にはつかずに北朝（足利方）についたことによって運が開けた。そして本拠を山陰地方に移した。

その山名氏繁栄の基礎を築いたのが山名時氏《ときうじ》であり、時氏は出石を本拠とした。まさにこの地は山名氏興隆の地なのである。室町幕府を有名無実化し、戦国時代の扉を開いた応仁の大乱においても、西軍の旗頭は山名宗全《そうぜん》であった。対する東軍は細川勝元を旗頭として、もともとは足利将軍家の跡目争いであったが、これに全国の大名が真っ二つに分かれてそれぞれの勢力に加担したため、都も焼亡するという天下の大乱となった。

ちなみにこのとき京都の中心部の建物はほとんど焼け落ちてしまっている。いわゆる洛中（京都中心部）に国宝の建物が意外に少ないのはそれが理由だ。京都人が「この前の戦争で焼けた」というのは第二次世界大戦でなく応仁の乱のことを指すという、ウソのようなホントの話もある。

その山名宗全の家臣が13年もかけて築いたとされる規模雄大な山城が和田山の竹田城である。虎が伏せた形にも見えるため「虎臥城《とらふすじょう》」という別名もあるこの城は、建物は一切残っていないものの、石垣の配置が見事である。城マニアなら知っている、雲海の見事な隠れた名城といえよう。

ところで、但馬には日本屈指の名湯城崎温泉もある。文豪志賀直哉の『城の崎にて』でも有名なこの温泉は、開湯が養老年間（717〜724年）というから、日本有数の古湯でもある。

この温泉の効能に注目したのが、当時外来宗教であった仏教で、温泉寺が建てられたのもその頃だろう。本尊の十一面観音、千手観音は共に国指定の重要文化財（重文）である。

しかし、山名氏が没落して以後の但馬はどちらかというと穏やかな目立たない国であったようだ。幕末、京都で長州藩が一時朝敵とされてしまった時、「お尋ね者」となった桂小五郎が逃げ込んだのが出石城下であった。桂としてはまさに「谷間」に隠れるつもりだったのかもしれない。現に幕府の追及はうまく逃れた。

今の但馬は、カニと但馬牛という二大名物で有名だ。考えてみれば但馬という国は「谷間」とはいいながら、海に面して開けた部分もあり完全な山国ではない。だからこそ「海の幸」と「山の幸」が二つとも名物になるのだろう。今流行の「癒やし」のある国といえよう。

因幡国

現在の鳥取県の東部にあたる。

西部は伯耆《ほうき》国であり、大山《だいせん》や三朝《みささ》温泉で有名なので、こちらとよく混同されるが、県の東半分の鳥取市を中心とした地域が因幡《いなば》国で、西半分の米子《よなご》や倉吉を中心とした地域が伯耆国である。

因幡国は北が日本海に面しているものの、三方は山に囲まれ交通の便はよくない。海に面しているのだから、海路は便利だと思うかもしれないが、実は因幡国の海岸は砂丘が多い。

典型的なものが日本最大の砂丘である鳥取砂丘だ。南北2キロメートル、東西16キロメートルにおよぶ砂丘は、日本の箱庭的自然の中では珍しい景観といえるだろう。昔は「砂漠のシーン」というと、ここでロケが行われた。海外ロケなど夢のまた夢であった時代の話である。

もっとも「月の沙漠（砂漠ではないのは作者が水のイメージを与えたかったからだという）」という詩は、この鳥取砂丘ではなく、詩人加藤まさをが千葉県の御宿《おんじゅく》海岸でインスピレーションを

得たらしい。
ともあれ、砂丘が多いということは、海岸には良港ができないということなのだ。砂浜は港にはならない。山が急に海に切れ込んで、船が着けられるような若干の平地があってこそ、いい港はできるわけだ。逆にいえば因幡国は陸路も険しく、海路も利用しにくい、孤立した一角であったということだ。

出雲神話と関係する因幡の白兎

しかし、古代史には早くから登場する。一定以上の年代の人は「因幡」と聞けば、反射的に「白兎（シロウサギ）」と答えるのではないだろうか。

有名な神話がある。

「沖のかなたの島から因幡国へ渡るため、シロウサギは和邇（ワニ）をだました。『どちらの仲間が多いか競争しよう。ワニよ、君たちはこの島から向こう岸の因幡国まで一列に海から頭を出して並んでくれ。私がその上を跳んで行って数を数えるから』

ウサギはそういってまんまと因幡国へ渡ってきたが、最後の一匹を跳び越すときに心おごって『おまえらはダマされたんだよ』と言ってしまった。怒ったワニにウサギは全身の皮を剥《は》がされてしまい、その激しい痛みに泣いていた（ちなみにシロウサギというのは「白」ではなく「素」つまり皮が剥がれたという意味だという説もある）。

そこへ、美人で評判の因幡国のヤガミヒメに求婚しようとやってきた、出雲の神々が通りかかった。それは出雲国のオオクニヌシ（オオナムチ）の意地悪な兄たちだった。

手当ての方法を教えてくれと泣き叫ぶウサギに、彼らは海の塩水につかった後、山の上で風に当たればいいと教えた。だが、それは大ウソで痛みはかえってひどくなった。

そこに、遅れていたオオクニヌシがやってきた。実はオオクニヌシは、意地悪な兄たちに全部の荷物をもたされていたのだ。こうすれば、ヤガミヒメのところへ着くのも遅れるという意図もあったに違いない。

泣いているウサギにオオクニヌシは、真水で体を洗って蒲《がま》の蒲綿《ほわた》でくるまって寝ればよいと、正しい手当ての方法を教えた。そして、傷がすっかり良くなったウサギはいった。

『あなたこそヤガミヒメをめとることになるでしょう』

確かにそれは実現したのである――」

出雲国のオオクニヌシを祀る出雲大社の境内には、このオオクニヌシとシロウサギの銅像がある。

また、現在、鳥取市西部に白兎《はくと》海岸がある。この伝説が生まれた地だという。

それにしても、日本の話で海の話なのに、なぜ「ワニ」なのかといえば、ワニザメだという説が昔からある。

またオオクニヌシ（大国主）も、その名前を「音読」すると「大国（ダイコク）」と読めるところから、もともとはヒンズー教の福の神である「大黒天（ダイコクテン）」と同一視されるようになった。

それを題材したのが、旧文部省選定の「尋常小学唱歌」の「大黒さま」である。出だしの1番は「大きなふくろをかたにかけ　大黒さまが来かかると　ここにいなばの白うさぎ　皮をむかれてあかはだか」であり、4番では「大黒さまはだれだろう　おおくにぬしのみことて　国をひらきて世の人を　たすけなされた神さまよ」と説明して終わっている。

この歌を作曲した人は田村虎蔵という人で、この人は鳥取県の因幡地方の出身らしい。田村は同じ作曲家の納所《のうしょ》弁次郎や作詞家の石原和三郎と組んで、「言文一致唱歌」の運動を進めた。「石原・田村コンビ」の傑作が「うらのはたけでポチがなく――」の「花咲爺《はなさかじじい》」と「あしがらやまの――」の「金太郎」で、「石原・納所コンビ」の傑作が「もしもし亀よ」の「兎と亀」だろう。生憎《あいにく》と「大黒さま」が今一つ人気がなく忘れられかけているのは、一時、戦後教育の中で神話が無視される時代があったからだろう。今、白兎海岸にはこの「大黒さま」の歌碑が建てられている。

なぜ大伴家持が赴任してきたか

この因幡国を訪れた（？）有名人があと二人いる。

一人は武内宿禰《たけしうちのすくね》である。

謎の人物である。一応は『日本書紀』や『古事記』にその名は出てくる。なんと景行天皇（ヤマトタケルの父）から仁徳天皇まで五代にわたって仕えたといい、その寿命は280歳だとも

360歳だともいわれる。

天皇系初代の神武天皇は127歳まで生きたと伝えられているが、武内宿禰はそれをはるかに上回る。しかも、五代にわたって天皇に忠実に仕えた忠臣の鑑《かがみ》でもあった。だからこそ戦前はしばしば「お札」の肖像として採用されていた。

その墓らしいといわれる古墳も大和国にあるのだが、実は宿禰は生涯を終わるにあたって、双《ふた》つの履《くつ》を残して昇天したという伝説があり、その昇天の地こそまさにこの因幡国の一の宮である宇倍神社《うべじんじゃ》なのだ。

現在の本殿の裏には「双履跡《そうりせき》」があり、神社自体は名神大社《みょうじん》（古来聖地とされた神社）となっている。奈良時代以前に、ここは既に聖地だったということだ。

宇倍神社はまた、大和朝廷が因幡国の国府を置いた場所のすぐ近くである。

その国府に新任の因幡守《いなばのかみ》（因幡国司）として派遣されてきたのが、歌人で『万葉集』の撰者ではないかと考えられている、大伴家持《やかもち》であった。天平宝字2年（758）のことだ。

因幡守の職というのは、中央政界で活躍していた家持にとってみれば左遷であった。

この時代の中央政界は、聖武天皇から称徳女帝への時代で、藤原仲麻呂（恵美押勝）の乱など不穏な情勢が続いていた。家持も死後「反乱加担」の罪を問われて墓を築くことも許されない、という酷い目にあっている。

どうやら『万葉集』というのは、そういう政界の騒動に巻き込まれ、心ならずもこの世を去った人々への鎮魂も込められていたのではないか、というのが私の基本的な考え方である。

一方で、『万葉集』は同時に国民のあらゆる階層の秀歌を集めた、世界でも珍しい、いや日本でなければ成立し得ない国民歌集だが、その約４５００首の最後を飾る歌は、因幡守時代の大伴家持が正月の式典に際して因幡国府の国庁で歌い上げたものなのである。

「新しき年の始めの初春の　けふ（今日）降る雪のいや重《し》け吉事《よごと》」（初春の今日降っている雪のように、ことしは良い事が重《かさ》なりますように）。

現在、この地には「因幡万葉歴史館」が開設されている。私も数年前に訪問したことがあるが、万葉や因幡国の歴史に関する展示、一角の万葉の植物園、また万葉にも詠まれた「因幡三山」の眺望など見所が多い。一度訪れる価値はある場所だと思う。

難航のすえ開通した智頭急行線

因幡国が本格的に栄えたのは、戦国時代も終わり、この地に池田氏が転封され、鳥取城を居城とした頃からだろう。

池田氏は備前国岡山の池田氏と同族であり、徳川家康の外孫（家康の娘督姫が池田家に嫁いだ）という名門だ。因幡だけでなく隣国の伯耆も支配したが、主城は鳥取に置き、米子城（二国支配だから一国一城令の下でも支城をもてる）を家老に預けて、両国支配を行った。

因幡国は略して「因州《いんしゅう》」ともいったが、この因州がつく言葉で最も有名なのは、因州和紙であろう。この地でよく採れる原材料のミツマタの質が良いために、キメが細かな紙が作れるのが特徴で、このため特に書道家に愛好された。

これまで述べたように、この因幡国は外から訪れるのが簡単ではない。そこで、明治になって山陽道の姫路から鳥取県智頭《ちず》町（旧智頭郡）を経て、鳥取を結ぶ鉄道をつくろうという計画が持ち上がった。

これが長い年月をかけて国鉄智頭線（予定線）となり、東京オリンピック後の昭和41年（1966）にようやく着工されたが、80年代になって国鉄赤字が深刻化したため、9割ほど完成していたにもかかわらず工事が凍結されてしまった。

そこで、第3セクター方式で開通にこぎつけたのが「智頭急行」の「智頭線」である。特急「スーパーはくと（白兎）」「スーパーいなば」は、JR西日本からこの智頭急行線を通っているのだが、一般の人はあまり気付いていないようだ。

智頭急行線は岡山県の美作《みまさか》市を通るが、そこには「宮本武蔵駅」がある。武蔵の出身が美作国（播磨国という説もある）であるということにちなんで造られた駅であるが、この線の終点である智頭は、奈良時代からの地名である。まったく新しいタイプの駅名と古い駅名が共存しているのが、また興味深いところである。

伯耆国

伯耆国《ほうきのくに》、今の鳥取県西部にほぼ一致する。鳥取というと「砂丘」というイメージを抱いている人が多いが、これは東部の因幡の方で、むしろ伯耆を代表するものといえば、伯耆富士の異名がある大山《だいせん》であろう。この地方の気候を表す言葉に「雨の因幡に風の伯耆」というのがあるが、そもそもなぜそうなのかといえば、大山からの吹きおろしがあるからなのである。

大山は標高１７２９メートル、「富士」と呼ばれることでもわかるように火山で、中国地方の最高峰であり、加賀国（石川県）の白山《はくさん》や出羽国《でわのくに》（山形県）の月山《がっさん》などと並んで山岳信仰の聖地でもある。

山岳信仰とは何か？　ひと口に語るのは難しいが、ごく簡単にいってしまえば、山容の美しい山、あるいは大きな山を、神として崇拝することだ。当初は、山そのものが神であり、山自体を拝んでいたのである。

ただ、こうした「神体としての山」は、厳密にいえば二種類ある。一つは、大和国（奈良県）を中心とした、小型で三角形の見栄えの良い山々（これを神南備山《かんなびやま》と呼ぶ）。たとえば大和三山（天《あま》の香具《かぐ》山、畝傍《うねび》山、耳成《みみなし》山）、あるいは大神《おおみわ》神社の御神体でもある三輪山などは、その代表的な例だ。

山岳信仰とかかわりが深い大山

一方、昔の技術では簡単には登れないようないわゆる高山も、信仰の対象であった。代表的なものは先に挙げた以外に富士山などがあるが、こうした山々が本格的に聖地となったのは、実は仏教が日本に入った飛鳥時代以降のことなのである。

今となってはよくわからないが、日本には明らかに仏教以前にも、こうした深山幽谷に入って修行するという信仰形態があった。それが仏教の一派である真言密教などと合体したのが修験道だ。

その開祖と伝えられるのが、奈良時代の実在の人物役小角《えんのおづぬ》いわゆる役行者《えんのぎょうじゃ》である。役行者は神通力をもち、空中を飛行したという。山岳仏教は、最初はこのような神通力を得ることが主目的だったようだが、そのうちに真言宗などでは究極の目標とされる即身成仏《そくしんじょうぶつ》（生身の人間のままで仏の悟りの境地に入る）を目指すようになった。こうした信仰の主体となったのが、俗に「山伏《やまぶし》」と呼ばれる山岳修行者であった。

山岳信仰と仏教の合体は、別の言葉でいえば、日本の神と異国から来た仏の一体化でもあった。本地垂迹説がこれである。

これは前にも紹介したが、「日本の神」と「異国の仏」では、姿形も教えが伝わった年代も、まったく違っている。一体、これのどこが「同じ」だというのか？

本地垂迹を具体的に説明すると

それは、こうだ。

仏は悠久の昔から存在する。従って、実はこの日本にも（いわゆる仏教伝来以前に）ずっと昔から来ていた。ただ、その時は日本人に親しみやすいように、日本の服装と髪形で現れていた、というのだ。そして、ある程度、教えの「地ならし」をした後、再び本当の姿をこの日本に現した。それが仏教伝来である——。

神が現世に姿を現すことを「垂迹」という。しかし、それは仮の姿なのだから真の姿は別にあることになる。この真の姿のことを「本地」と呼ぶ。

具体的にいえば、八幡神という形でこの世に垂迹した神の本地（真の姿）は、大日如来という仏だ、ということになるわけだ。

こう考えれば、神と仏とを区別する意味はなくなる。だから、昔は大きな神社に行けば、その神社の本地仏を祀った寺が脇にあり、逆に大きな寺院に行けば、その仏の垂迹した形である神を祀る神社が脇についていた。こういうのを別当寺（あるいは神宮寺）などという。昔は宗教法人といっても、寺と神社は同じものであった。

だから、今でも日本人は「神仏《しんぶつ》に祈る」という。

しかし、実際には現在、寺院と神社はまったく別のものであり、教義上の同一性はない。どうしてそうなったかといえば、明治になって神仏分離令が出され、両者が組織上も教義上もまったく分離されたからだ。

では、なぜそんなことをしたかといえば、キリスト教という強い理念で団結している欧米諸国に対抗するため、日本民族独自の宗教である神道が、国家のもとに一元化され、強化されたからである。これが国家神道で、それ以前の神道に比べて排斥的なものになっている。それゆえ、多くの仏教文化の遺産が燃やされ壊されるという事態、すなわち廃仏毀釈《きしゃく》も起こった。

世に神道嫌いは少なくないが、それは対象が国家神道である場合がほとんどだ。日本人とは、むしろこの本地垂迹説が典型的に示すように、本来外国の文化に対して寛容であり、根本的に平和主義なのである。

大山は、こうした本地垂迹説の典型的な霊場であった。

地蔵菩薩（いわゆる「お地蔵さん」）を本地仏として、神としての名（垂迹）は大智明権現といった。寺としては大山寺、神社としては大神山《おおがみやま》神社といい、中世においてはもちろん一つで、かつては3塔42院もある大伽藍であった。だが、たび重なる火事や、明治の廃仏運動で決定的な打撃を受け、現在は本堂など一部を残すのみである。

伯耆国と因幡国との風土の違い

一般に、鳥取県というと、まじめで誠実だが、反面、消極的で引っ込み思案、神経質といったイメージがある。

しかし、同じ鳥取県でも、東の因幡と西の伯耆はやはり違う。気候の違いもあるが、その気候の違いは作物にも影響し、米作中心の因幡は保守的で閉鎖的、これに対して古くは鉄が生産され、後には綿花などが栽培された伯耆は、どちらかといえば商業的で開放的なイメージがある。

「雨の因幡は、雨にひたすら耐える消極性を生み、風の伯耆は風に立ち向かう積極性を生んだ」などという人もいるが、これは少し伯耆のお国自慢かもしれない。

もっとも県有数の商業都市米子は伯耆側にある。

米子は米子平野の中心にあり、近世そして現代にかけて、このあたりで最もにぎやかな町だが、古代においては伯耆の中心は米子市の南、旧会見《あいみ》町（現、南部町）あたりだったらしい。

日本海側は、昔は朝鮮半島に面した、外国との交流の拠点であり、隣国である出雲国とは神話で固く結ばれてもいる。

出雲神話で有名なヤツカミズオミツヌノミコトが、「国来《くにこ》、国来」と、朝鮮半島から陸地を引いてきたのが出雲なら、その綱となった「弓ヶ浜」は伯耆にある。

また、出雲大社の祭神であるオオクニヌシノミコトが、兄神にあざむかれ、焼けた石を赤猿と間違って抱きつき、いったん死を遂げた場所も旧会見町つまりは伯耆国なのだ。

このあたりの神社を巡ると、オオクニヌシの（何番目かの）妻がいたところだ、などという具体的な話を伝えているところがある。こういう場所に接すると、神話のヒーローである神々が、にわかに人としての存在感をもってせまってくる。こうした感覚を残している国は、今の日本にはあまりない。

伯耆でもう一つ名山を挙げるとすれば、船上山《せんじょうさん》であろう。海抜616メートルに過ぎない山だが、三方が崖に囲まれているため天然の要害であり、鎌倉幕府を倒した後醍醐天皇が、この山に籠《こも》って全国に倒幕の檄を飛ばしたことでも有名だ。眺望絶佳の地でもある。

また、この地は名湯の多いことでも知られる。ラジウム含有量日本一ともいわれる三朝《みささ》温泉、米子の奥座敷とも呼ばれる皆生《かいけ》温泉などが、その代表例である。

古代日本はアジアを向いていた。文化は中国大陸、朝鮮半島から来るものであり、おそらく日本を目指した開拓民が最初に上陸したのもこのあたりだったに違いない。

しかし、次第に日本はヨーロッパ、アメリカの方を見るようになった。必ずしも悪いことではない。それは中国一辺倒だった東アジアの文化圏の中から、独立したいという望みに支えられていたからだ。しかし、その分こちら側の比重が低くなったことも否めない。だが、逆にそのことは、今の日本が失ったものを、多く残しているということにもつながるのである。

出雲国

出雲国は現在の島根県の東部にあたるが、この地は古代史それも日本という国の成立に関わる大きな役割を果たした場所として、絶対に無視できないところでもある。

出雲国は日本海側にある。

ひと昔前は、これを「裏日本」などと呼んでいた。それはあまりに「差別的」であることから、今は、それまで「表日本」と呼んでいたのを太平洋側、「裏日本」を日本海側と改めたのだが、なぜ日本海側は「裏」なのか？

それは日本の首都東京が太平洋側にあり、日本が東アジアの国々よりアメリカやヨーロッパ諸国との関係を重視してきたからだろう。

しかし、古代においては、アメリカ合衆国など影も形もない。しかも、日本への「文化」の流れは、中国から朝鮮半島を経てのルートであり、その絶対条件を考えに入れればむしろ日本海側こそ「表

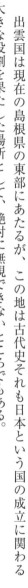

日本」、つまり日本の表玄関だったと確実にいえるのである。

日本の成立の鍵を握る出雲国

もちろん、日本海側の国々は出雲国だけではない。

たとえば若狭国（福井県西部）なども明らかに中国・朝鮮からのルートの通過点であるといえるが、出雲国がこうした中でも特別な存在なのは、出雲大社という日本有数の巨大な神社と、その主祭神である大国主命（オオクニヌシノミコト、以下オオクニヌシと表記）が、「天皇の統治する日本国」というものの成立に、決定的な役割を果たしたとされているからだ。

『古事記』『日本書紀』、つまり天皇家の政権である大和朝廷の作った歴史書の中には、歴史（今われわれはこれを「神話」と呼ぶ）として、次のような「事実」が記載されている。

「豊葦原《とよあしはら》の瑞穂国《みずほくに》（後の日本国）は、そもそもオオクニヌシの治める国であった。しかし、高天原《たかまがはら》にいた最高神天照大神（アマテラスオオミカミ、以下アマテラスと表記）は自分の孫（天孫ニニギノミコト、天皇家の直接の先祖）に、この国を与えたいと思い、オオクニヌシに対して『国を譲《ゆず》るように』という勧告を出した。この勧告に対してオオクニヌシは息子のコトシロヌシ（事代主神）とタケミナカタ（建御名方神）に相談したが、コトシロヌシは怒って抗議の入水自殺をし、タケミナカタは反抗したがアマテラスの配下の神々に叩きつぶされ、逃げに逃げてついに諏訪国《すわのくに》（長野県中部）の諏訪湖のほとりまで追い詰められ、そこに封じ込められた。これが諏訪大社である。オオクニヌシはもはやこれまでと観念し、アマテラスに国を献上した。そして『永遠に隠れた』。その神霊をお祀《まつ》りしたのが、出雲大社である――」

この神話は一体何をいっているのか？

つまりオオクニヌシの民（これを仮に「出雲族」と呼ぶ）こそ、この日本の先住民であり、アマテラスの民（これは「大和族」と呼ぶ）はもともとこの地の住人ではなかった、ということを明確にいっているのである。

そういうこと自体は世界史でも珍しいことではない。ユダヤ民族がもともとイスラエルにいなかったことは『旧約聖書』に明記してあるし、世界四大文明の一つインダス文明は、アーリア人の侵入によって滅んだ。

比較的最近では、先住民ネイティブ・アメリカン（昔はこれをアメリカインディアンと呼んだ）のいた北アメリカに侵入したヨーロッパ系の白人は、彼らの土地を奪って「アメリカ合衆国」を建国した。だが、これらの「侵入」は必ず「征服」と「圧政」を伴うものであった。当然「戦争」もあった。

しかし、日本の神話では「先住民族の王オオクニヌシ」が「侵入者アマテラス」に平和的に国を差し出したことになっているのだ。

荒神谷遺跡から考えられる仮説

これは事実なのだろうか？

結論をいえば、出雲族が先住民族であって、その国（今の日本）を大和族が奪ったというのは事実だろう。しかし、それは平和的な交渉によるものではなく、世界史の常識通り武力による征服であった、と私は考える。

その証拠の一つが、考古学上「世紀の大発見」といわれる荒神谷《こうじんだに》遺跡（島根県出雲市斐川《ひかわ》町）の発掘である。

それまで出雲国の領域では、特別な形の古墳は見つかっていたものの、「出雲王国」を連想させるような遺跡・遺物は発見されていなかった。だから昔は「出雲神話の舞台は出雲国ではなく、他の土地で起こったことを出雲の地に仮託したのだ」という説すらあった。

ところが、この荒神谷遺跡からは何と銅剣が358本も発見されたのである。「358」という数がいかに驚愕すべきものか。実は、それ以前に発掘されていた古代銅剣をすべて合わせた数よりも多いのである。それが出雲国のたった一か所で発見されたのである。

それは「埋納」されるという形であった。つまり、死者を葬るように丁重に、しかし「この世」には必要ないものとして「廃棄」された形であったのだ。「荒神谷」という地名も明らかにこのことを意識した名だろう。

いささか大胆な仮説を述べれば、これは「青銅器を使う出雲族」が「鉄器を使う大和族」に征服され、その祭器（神器）である青銅製の剣をすべて没収され廃棄されたのではないか。

ここで一つひっかかるのは、他ならぬ出雲国が古代製鉄の聖地であったことだ。しかし、このことも出雲族はそもそも製鉄という技術を知らず、せっかくの宝の山を生かせなかった、と考えれば仮説とは矛盾しない。それともう一つ、私は謎の多い青銅器「銅鐸《どうたく》」も、出雲族の祭器いやむしろ「三種の神器」だったのではないかと思っている。

というのは、銅鐸は大変優秀な青銅器で、一つの文明を象徴するような精密なものだ。にもかかわらず、「大和族」の神話には一切登場しない。「本当の名前」もわからない。

「本当の名前」というのは、こういうことだ。たとえばわれわれは、古墳から出土する銅製の鏡を「銅鏡」と呼び、鉄製の剣なら「鉄剣」と呼ぶ。しかし、これは考古学用語（現代語）である。では、それが使用されていた当時何と呼ばれていたか？　「かがみ」「つるぎ」である。いわゆる「大和言葉（原日本語）」であって、『古事記』などでそれを確認することができる。

しかし「銅鐸」は、そもそも一切登場しないのだから、当時の名前はまったくわからない。「大和言葉」ではない、ということだ。その理由に対する一番自然な推論は、これは大和族に征服された一族の抹殺された祭器ということだろう。

祭器というのは宗教のシンボルだから、キリスト教でもイスラム教でも、その教徒が征服した土地の「宗教のシンボル」は破壊される。あのバーミアンの石窟《せっくつ》寺院の大石仏も、イスラム教徒によって破壊されたのである。

銅鐸の「本当の名」が不明なことも、こういう世界史の実例を重ね合わせればいい。たとえば世界四大文明はそれぞれ文字をもっているが、インダス文明の文字だけはまだ解読されていない。「本当の名」がわからないのである。これはアーリア人による征服と破壊の結果だろう。

伝承通りに発見された巨大神殿

では、真相は征服と破壊なのに、なぜ日本神話だけが「話し合いによる解決」によって「国譲り」がなされたと書いてあるのだろう。

よく「神話は大和朝廷の支配を美化するためのデッチ上げ（ウソ）だから、研究する価値がない」とうそぶく人がいる。こういう人が歴史学界にもいるのが、日本のダメなところなのだ。

確かに「美化」も「デッチ上げ」もあるだろう。それは当然だ。この「国譲り神話」にしても、「平和的な禅譲」ではなく、「征服による強要」である可能性が高い。人間も組織も、自己を美化し正当化する傾向が強い。

しかし、逆にいえばその「デッチ上げ」の内容を分析すれば、古代人特に大和族が何を「美」と考え何を「悪」と考えていたか、明確にわかるということではないか。つまり、大和族は「話し合い」こそ最も正しいことだと考えていたのだ。だからこそ、「日本国の権利譲渡」に関しても「力づく」ではなく、「話し合い」の結果によるものだ、という「美化」をしているのだ。

そして、このことの証拠は、実は出雲大社の存在なのだ。出雲大社の主祭神は勝ったアマテラスではなく、負けたオオクニヌシなのである。しかも、それを代々祀っている祭祀者（出雲国造《こくそう》家という）は、オオクニヌシではなくアマテラス系の子孫なのである。

外国ではこんなことは絶対に有り得ない。

異教の神、被征服者の文化は徹底的に破壊するのが常だからだ。この日本ですら、銅鐸という「文化」は完全に否定された。

しかし、オオクニヌシを祀るのである。それも古代の規模で比較すれば、アマテラスを祀る伊勢神宮よりも、出雲大社の方が大きな神社だった。いや、それどころか昔から出雲大社は日本一の「高さ」を誇った建物だという伝承すらあった。

日本の伝統文化をまるでわかっていない一部の歴史学者は、この伝承をせせら笑って否定していたが、20年ほど前、かつて大社本殿があった場所の地下から、伝承通りの巨大な建物を支える支柱が、伝承通りの形で発見された（現在は歴史博物館があり、模型などが展示されている）。

私はこの伝承が正しいことを確信していて、既に約28年前に書いた『逆説の日本史第①巻』にこのことを詳述している。興味のある方はご覧ください。

出雲国はまさに古代史だけではなく、日本人というものの謎を解く鍵となる場所だ。

石見国

石しか見えないから「石見《いわみ》」だという、嘘《うそ》のような本当の話がある。

古代人は、初めあまりこの地に関心がなかったようだ。ところが隣に出雲という「厄介な国」がある。

「厄介」というのはもちろん大和朝廷からの見方であって、私が常々主張しているように、出雲国はおそらく日本の「先住民」の国家であった。それを、あとから天皇家の祖先（天孫《てんそん》族）が侵略してきて奪った、というのが歴史の真実であり、それを美化して神話に残したのが「国譲り」であろう。

その「先住民の王」大国主命（オオクニヌシノミコト）を祀る出雲大社の社家（宮司を世襲する家）の先祖は、天皇家の先祖と兄弟である。すなわち天孫族なのだ。これは明らかに出雲国という「征服地」を監視し、怨霊を鎮めるのが目的であろう。

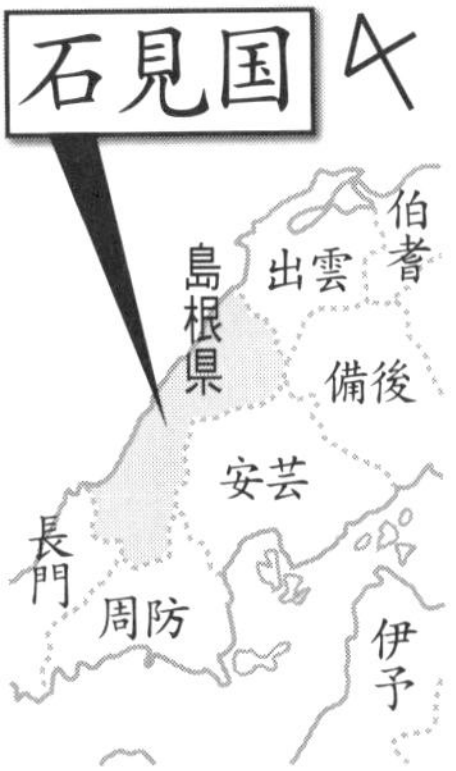

そして、どうやら大和朝廷（天皇家）は、それでも不安だったらしく、この「石だらけ」であまり実りが期待できない土地に、中央から「監視団」を送り込んだ。その筆頭が朝廷の軍事を司る物部《もののべ》氏であり、石見国一の宮は物部氏の氏神を祀る物部神社（大田市）である。

石見国は今の行政区分でいうと島根県の西部にあたるが、昔のことだから島根県の東部を占める出雲国との間に天然の国境がある。それが山陰において、伯耆国の大山と並ぶ名山の三瓶《さんべ》山である。

もっとも山容はまるで違う。

大山はまさに富士山の如く一つの大きな独立峰だが、三瓶山はまさにいくつかの小山に分かれた、まさに軽く登ってみたくなるような山である。三瓶山のすぐ近くには浮布《ふぶ》の池があり、その池面に映し出される「さかさ三瓶」は見事である。

この山は『出雲国風土記』の神話には、佐比売《さひめ》山として登場する。ヤツカミズオミツヌノミコトが、この国の地形を見て「国が足りぬ」とばかりに、新羅《しらぎ》国（朝鮮半島東部）の一部を大鋤《おおすき》で切り取り、綱をかけて「国来《くにこ》、国来」と「もそろもそろ（そろりそろり）」に引っ張ったという話だが、その時に綱をつないだのが、この佐比売山すなわち三瓶山というわけだ。

これは、物部氏らが入植して、もともと生産性の少ない土地だったのを、少しは豊かにしたということかもしれない。しかし、残念ながら中世までは、石見というのはあまり豊かなイメージではなかった。

万葉歌人、柿本人麻呂終焉の地

特筆すべきは、万葉の大歌人柿本人麻呂《かきのもとひとまろ》（人麿）がこの石見で死んだことだ。『万葉集』の巻二に「柿本朝臣《あそみ》人麿、石見国に在りて臨死《みまか》らむとせし時、自ら傷《いた》みて作れる歌一首」というものがあり、その歌とは「鴨山《かもやま》の　磐根《いわね》しまける　吾《われ》をかも　知らにと妹《いも》が　待ちつつあらむ」（私がこの石見国の鴨山で死んで行くことを、あの娘はまったく知らずに待っているのだろうな）というものである。

そう書いてあるのだから、人麻呂が石見国で死んだことは間違いないとしても、鴨山とは一体どこか？　そして何よりも謎なのは、万葉歌人の人麻呂が当時の都のある大和国（奈良県）ではなく、なぜ辺境の石見で死なねばならなかったか、ということだ。

この点について、江戸時代の万葉学者賀茂真淵は「人麻呂下級官人」説を唱えた。つまり人麻呂は、地方に赴任しなければならないような下級官吏だったという説だ。そしてこの説を受け継ぎ、近代の大歌人斎藤茂吉《もきち》は邑智《おおち》郡美郷町（旧邑智町）湯抱《ゆがかい》にある鴨山が終焉《しゅうえん》の地であったという説を唱えた。

これが定説であったが、それ以後哲学者、梅原猛が著作『水底《みなぞこ》の歌』（新潮社刊）において、人麻呂は高位の官人だったが政争に敗れ流罪となり、最終的に「水死刑」に処せられたのだという説を唱え、一世を風靡《ふうび》した。

筆者もこの説に多大の影響を受け、初めて歴史ミステリー『猿丸幻視行《げんしこう》』を書いて公募の江戸川乱歩賞に応募し、受賞して作家となった。「人麻呂水死刑説」は学界では無視に近い扱いを受けているが、『万葉集』を虚心に読めば、少なくとも人麻呂が「水底」に沈んだことは、誰もが認めざるを得ないのではないか、と私は思っている。

さて、逆にいえば石見は「流刑地」であり、あまりイメージのよくない土地だったということになる。例の『新人国記』にも「偽《いつわ》り多くして実《じつ》なる人稀《まれ》なり。（中略）好《よ》からざる風俗なり。智ある者は只悪心を巧《たく》む、言語道断の国なり」と散々なことが書かれている。

江戸初期、銀山を繁栄させた人物

ところが、そのイメージが一変する「事件」が起こった。室町時代このあたりを領していた大内氏が、大森（大田市）に銀山を発見したのである。

大森にあった極めて埋蔵量の多い、世界有数の銀山のことを、人々は「石見銀山」と呼んだ。平成19年（２００７）に世界遺産になったあの銀山である。

この銀山は実に埋蔵量が豊富で、大内氏が毛利氏に取って代わられると、中興の祖毛利元就は、ただちにこの地を手に入れた。そして孫の輝元が関ヶ原の戦いで敗れると、銀山は幕府の所有となった。

最初のうち、鉱脈は外へ露出していたらしい。それが掘り尽くされて、一時は銀の産出も止まっていたのだが、幕府には優秀な専門家がいた。

大久保長安《ながやす》である。

長安は元々は甲州武田家の家臣であり、身分の低い猿楽（能）の役者だったらしい。それが徳川家康によって武士に抜擢された。特に建設・土木等に、長安は非凡な才能をもっていた。

江戸時代初期、まだ家康が存命の頃は江戸幕府も盛んに外国と貿易を行っていたが、長安は南蛮人から最新の精錬法を学んだらしい。そのため、それまで抽出できなかった鉱石からも銀が取れるようになり、石見の銀産出量は飛躍的に増加した。

最盛期にはこのあたりの人口は20万人もいたという。長安の名を今に残す「大久保間歩《まぶ》（坑道）」は、入り口から馬で乗り入れ100メートル近く進むことができたという。

長安は畳の上で死んだが、その死の直後、子孫たちは家康の命令によって皆殺しにされた。私財没収が目的だとか様々なことがいわれているが、私は長安が、家康の子で伊達政宗の娘をもらった松平忠輝の「謀反」と、何か関係があったのではないかと思っている。

この地の飢饉を救った、ある食物

この銀山の初代奉行が長安なのだが、享保年間（1716～1736年）にもう一人有名な銀山奉行がいる。井戸平左衛門正朋《いどへいざえもんまさとも》（正明ともいう）である。

平左衛門の頃は銀山とは名ばかりで、その繁栄は遠い昔のものとなっていたが、こうなると困るのは土地の生産性が低いということだ。

三瓶山の「向こう側」の出雲が早くから開けていたのに、この石見が遅れをとったのは、やはり稲作に適さない「石」ばかりの土地だったからだろう。だからこそ、銀山という宝にも恵まれたのだが、それを掘り尽くしてしまうと、もう「売り物」がない。それでもこの瘠地《やせち》にしがみついていた領民を大飢饉が襲った。平左衛門の在任中のことである。

平左衛門は幕府の許可も得ずして官の備蓄米を住民に施した。そして、これでは決め手にならないと、当時救荒作物としてようやく名を知られるようになっていたサツマイモ（甘藷《かんしょ》）を取り寄せ、住民に栽培させた。

当の薩摩国（鹿児島県）ではこれを「唐《から》（外国）」から伝わったというので「カライモ」と今でも呼んでいるが、そこから全国に広がったので、通常われわれはこれを「サツマイモ」と呼ぶ。

薩摩国は雨の多い国だが、保水力のない火山灰地が多く、稲どころかロクな作物ができない場所だった。だから結構飢饉もあったのだが、このイモが伝えられてからは一切なくなったという。これは水がほとんどない荒れ地でも、ほとんど手間いらずで育つという、素晴らしい特徴をもったイモなのだ。

薩摩に初めてこれを伝えた人も「カライモオンジョ」として神社に祀られているが、平左衛門も井戸神社に神となっている。同時代にこのイモを関東に広めた人物として名高い「甘藷先生」こと青木昆陽《こんよう》よりも早く、平左衛門はこれに注目しこの石見の地で普及させたのだ。

このイモのおかげで命をつないだ人は実に多かったらしく、このあたりには辻々に「泰雲院《たいうんいん》」という頌徳碑《しょうとくひ》が建っている。泰雲院義岳良忠居士という平左衛門の戒名にちなんだものだ。

現代の日本からは飢饉あるいは餓死という言葉が完全に姿を消したが、これはわれわれ先祖の努力の賜物である。近隣の共産主義国家北朝鮮ではいまだにこの言葉は生きている。特に北朝鮮では、失政もあって数年前に一度に200万人という途方もない餓死者を出したこともある。あらためて「飢餓を知らない」という幸福を日本人は噛《か》みしめるべきだろう。

ちなみに江戸時代の後半期に「石見銀山」といえば、銀山そのものより、その副産物として生まれたネズミ取り用の毒薬（砒素《ひそ》）を指す言葉として有名だった。庶民が簡単に入手できる毒薬としては、これしかなかったので、芝居などによく登場するというわけだ。

石見国の国府は現在の浜田市にあったのだが、史跡としては西部の津和野の方が有名かもしれない。津和野城は石垣しか残っていないが、郷土芸能として有名な鷺舞《さぎまい》でも知られるこの町は、山陰の宝石のような城下町だと私は思う。

森鷗外の出身地でもあり、その旧宅と文学記念館は、近代文学のファンなら一見の価値がある場所である。

隠岐国

隠岐国《おきのくに》、日本海に浮かぶ隠岐諸島が一国とされたもので、最大の島を「島後《どうご》」と呼ぶ。以下、「島前《どうぜん》」の西ノ島、中ノ島、知夫里島《ちぶりじま》など人の住む島、住まない島合わせて180余もある。

古くから開けていたことは間違いない。隠岐の中核である島後は他の島々と同じく火山の噴火によってできた島なのだが、この火成岩の一つである黒曜石《こくようせき》はこの島産のものが上質で、大変に切れ味のいい石器になるため、遠くはロシアのウラジオストクや朝鮮半島でも発見されている。「交易」によってそこまで運ばれたのだろう。

ちなみに島の人の語るところによれば、韓国の考古学者は最近までこの事実を頑《かたく》なに認めようとしなかったという。組成分析表などを見れば、自明な科学的事実も「我が国が日本ごときから輸入するはずがない」というナショナリズムの前にはかすむ。日本人はこのことを強く認識すべきだろう。

日本自体も「島国」であるがゆえに、東大寺の正倉院御物《ぎょぶつ》に見られるように、他の国では失われたものが、奇跡的に保存されている。そして、日本の中の「島国」である隠岐には、日本本土では失われてしまった貴重な遺物がある。それは駅鈴《えきれい》だ。

古代日本が初めて律令制度を整えた時、各国には長官として国司が派遣され、街道の要所には馬などを置き、連絡、通信の業務をなす駅が置かれた。駅鈴とは国司が駅を利用する際に証明として使ったもので、かつては日本60余州の数だけあったはずだが、今はこの隠岐にしか残っていない。

その駅鈴を今も大切に保存しているのが、隠岐国内の総社《そうじゃ》である島後の玉若酢命《たまわかすのみこと》神社である。総社とは国内の大小神祇《じんぎ》（神々）をひとところに集めた神社で、国司は新たに赴任する際には必ずここに参拝したという。

私は実は、隠岐国には一度も行ったことがなかったので、今回訪ねてみることにした。行くなら祭りの日がいいと、出かけたのが6月5日、この日は玉若酢命神社の「御霊会風流《ごれえふりゅう》」の日である。

この日、隠岐国各所の神々が神馬《しんめ》に乗ってこの神社に集まるのだ。具体的には各集落の氏子《うじこ》が一頭ずつ神馬を選び、人間ではなく神を象徴する御幣《ごへい》を鞍の上に置き、若衆とともに一気に境内に走り込むのである。

昔は島前からも神馬がきて総数48頭を数えたというが、かつて海路で死亡事故があり、今は島後だけのわずか8頭に減ってしまった。

また、この8頭だけになってからも人身事故で、祭りの存続が危ぶまれたこともあったという。伝統の維持はそれなりの困難があるようだが、一見したところ勇壮な元気の出る祭りであった。ぜひ長く続けていただきたいものだ。

豊かな自然が息づく明るい島

ところで、隠岐というと何か暗く寂しいイメージをもっている人はいないだろうか。実は私もそうだった。なぜそうかといえば、律令国家がスタートして間もなく、隠岐は遠流《おんる》（重い流罪《るざい》）の地に指定されてしまったからだ。遠流というからには、相当な大物が流されたということだ。

その大物中の大物は2人いる。

後鳥羽上皇（1180～1239年）と後醍醐天皇（1288～1339年）だ。

いずれも日本史に大きく名を残す人々である。しかし、この2人は隠岐では明暗を分けた。暗の方は後鳥羽上皇である。この人は鎌倉時代初期の天皇（後に引退して上皇）であったが、政治の実権が朝廷から幕府に奪われたことを深く嘆いていた。

そして、ただ嘆くばかりでなく挙兵して幕府を倒そうとした（承久《じょうきゅう》の乱）。だが一敗地にまみれ、日本史上初めて臣下（北条氏）の手で島流しにされた。それまでも流罪にされた天皇はいないわけではなかったが（例えば崇徳《すとく》上皇）、それは天皇家の手によってされたことであった。武士によって流されたのは後鳥羽が初なのだ。

その御鳥羽は19年間島にあり、粗末な「御所」に事実上軟禁状態だった。その有名な歌

われこそは　新島守《にいじまもり》よ
おきの海の　荒き波風《なみかぜ》
心して吹け

しかし、本当のことをいうと、私はこの歌が隠岐のイメージを損ねていると思う。実際、私はここにくるまで、隠岐とは風の強い寒い島だろうな、と思い込んでいたのだ。当然、作物がろくに取れず貧しい島だと思っていた。

それはまったくの誤りだった。

確かに風の強いところはある。だから風力発電も行われている。しかし、風は吹くにしても冬でもあまり雪が降らず、米も収穫できるし、何よりも海の幸に恵まれている。

ほぼ全島が火成岩でできているため、それが長い間、風や波によって浸食されてできた奇岩、断崖は実に見事である。

島後の「ローソク岩」は、そこに夕日が沈む時、まるで巨大なキャンドルが海に屹立《きつりつ》しているようだし、島前（西ノ島）の摩天崖《まてんがい》、通天橋《つうてんきょう》、そして船が入れる海中洞穴の明暗《あけくれ》の岩屋《いわや》などはどこに出しても恥ずかしくない天然の造形である。知夫里島の赤壁《せきへき》も見事な断崖だ。

植物も豊富で、島内には至るところに老杉《ろうさん》があり、縄文杉には及ばないものの樹齢数百年の木が何本もある。これも温暖な気候の賜《たまもの》だろう。植物といえば、シャクナゲやアザミのように隠岐独特の形態をもつものもある。花にも恵まれた島である。

さて、話を戻せば、後鳥羽上皇は遂に都に帰ることなく、ここで亡くなった。

火葬され遺骨は都に戻ったが、長い間その遺跡は島の名家である村上家によって守られてきた。村上家は村上水軍の末裔《まつえい》ともいわれる由緒ある家柄である。

後鳥羽上皇が流されていたのは島前の方で、そこには火葬塚や御所跡があり、近代になってから隠岐神社も建てられた。祭神は無論後鳥羽上皇だが、天皇が祭神なのに「神宮」ではないのは、後鳥羽上皇の神霊は都の近くの水無瀬《みなせ》神宮に帰られているからだという。

さて、後鳥羽上皇は残りの生涯をこの島で終わったわけだが、鎌倉幕府（北条氏）に流されながらも、滞島わずか一年でこの島を脱出し、後鳥羽の悲願でもあった倒幕を果たしたのが後醍醐天皇だ。

後醍醐は島後にあった隠岐国分寺を行在所《あんざいしょ》（仮宮）としたという説があるが、御鳥羽の時代と違ってこの頃は幕府はガタガタになっており、その幕府に不満を抱いた足利尊氏《たかうじ》、新田《にった》義貞、そして天皇にとって無二の忠臣の楠木正成《くすのきまさしげ》らによって、鎌倉幕府は滅ぼされ、建武の新政が始まった。

しかし、この「新政」もわずか数年で倒れ、後醍醐は結局吉野山に亡命政権を立てるが京《みやこ》を回復できずに死ぬ。これが南北朝時代の始まりであった。

特有の伝統行事が守られている

ところで、もう一つ隠岐の名物がある。

隠岐は古代から相撲の盛んな土地で、昔は主な神社の境内に奉納相撲のための土俵があったし、古典相撲《すもう》である。

集落ごとの対抗戦も盛んであった。

今でも、神社の遷宮や校舎の落成など、祝事にしばしば行われる。大会のたびに、島に豊富にある杉の木を切り出し、皮を削って形を整える。そしてそれを土俵の四隅に立てて幕を張り、子供から青年に至るまで長い長い取り組みを行うのである。

この相撲の最大の特徴は、「人情相撲」の別名通り、最初の一番は真剣勝負だが、同じ相手と必ず二番行い、二番目は一番目に勝った者が必ず勝ちをゆずる。つまり、すべて引き分けになるようになっているわけだ。

景品も出る。切り出したその柱である。この相撲は大関が最高位だが、一番目の真剣勝負に勝っても負けても基本的に大関、関脇、小結の三役に柱が与えられ、柱にまたがった形でそれを同じ在所の人々に担いでもらい、勇躍凱旋《がいせん》するわけである。

そして、おそらくこの相撲好きが高じてのことだろうが、もう一つの島の名物が「牛突き」、いわゆる闘牛なのである。この牛が角を突き合わせる形の「闘牛」は、地震で村が壊滅状態になった新潟県の旧山古志《やまこし》村や、愛媛県の宇和島のものが有名だが、実は宇和島の横綱クラスの牛には、この隠岐出身の牛が多いという。

牛突き大会は島後で、春、夏、秋場所とあり、ゴールデンウイークは「牛突まつり」も行われるから、このあたりが狙い目か。ちなみにメーンの「闘牛場」は屋根付きのドーム型である。

牛を飼うということは、結局、おいしい肉牛の供給地ともなるということだ。隠岐には「岩がき」を中心とした海産物、そして「隠岐そば」などの伝統的な料理があるほか、ステーキもなかなかおいしい。

この牛の放牧で名高いのが知夫里島だ。

島の中心部が牧草の生えた山で、タヌキや牛の方が人間よりも多いというユニークな島だ。私も赤壁めぐりの途中で、昼間なのにタヌキに遭遇できたが、この島では牛を別の島に移動するのに海を泳がせたりもするのである。

ところで、竹島は、もともとはこの隠岐に所属していた日本国有の領土である。冒頭にも述べたように韓国の歴史歪曲《わいきょく》によって、そのことが多くの人々に知られていないのは残念だ。ちなみに、このあたりは韓国漁船が多数出没し、乱暴な「漁業」の揚げ句ゴミを撒《ま》き散らしていくという。こういうことももっと報道しなければナメられるだけだろう。

隠岐の人々は独立心に富んでいる。幕末、「隠岐騒動」と呼ばれる有名な事件があった。尊王《そんのう》攘夷《じょうい》の思想に燃えた人々が松江藩に反抗して独立したのだ。廃仏運動の先取りであり、その結果、前記の由緒ある国分寺も破壊されてしまったのだが、その気概は壮とすべきだろう。

さて、今回、初めて隠岐を訪れ、その国の豊かさ美しさに感銘を覚えた。私は釣りやマリンスポーツはしないが、それをたしなむ人々には天国のような島かもしれない。唯一残念なのは、島後と島前の「連絡」がよくないことだ。ここは人情相撲の精神で、ぜひ克服していただきたいものである。

第四章

南海道

紀伊国
淡路国
阿波国
讃岐国
土佐国
伊予国

紀伊国

紀伊国《きいのくに》、または「紀《き》の国」は、語源が「木の国」ではないかといわれている。日本の中でも際立って高温多湿の地域で、森林資源に恵まれているからだ。

都にも近く、古くから栄えた。日本有数の古湯、牟婁《むろ》の湯（白浜温泉）もある。

平安時代に、『古今和歌集』の撰者《せんじゃ》となった紀貫之《きのつらゆき》を出した古代からの名族紀氏《きうじ》は、その名の通りこの地方の出身である。

しかし、貫之は藤原氏に圧迫されて、政治の世界からは没落した後の紀氏を象徴しているが、それ以前、神話時代から飛鳥・奈良時代にかけては、紀氏は藤原氏など足元に及ばないほど（そもそも天智天皇の時代まで藤原氏は存在しなかった。大化の改新の功臣中臣鎌足《なかとみのかまたり》が藤原姓を天智から下賜されたのが起こりである）活躍していた。

このあたりの壮大な古墳群（岩橋千塚古墳《いわせせんづか》等）はそうした過去の栄光を示すものだ。

その紀氏が「紀伊大神」として祀《まつ》られていたのが、日前宮《にちぜんぐう》（和歌山市）である。日前宮は日前《ひのくま》神宮、国懸《くにかかす》神宮の二つで一つとなっており、日像鏡《ひがたのかがみ》、日矛鏡《ひぼこのかがみ》をそれぞれ御神体としている。天皇家の三種の神器にも八咫鏡《やたのかがみ》があることを考えれば、古代豪族紀氏がいかに勢力があったか、推測できるだろう。

深山幽谷の地に開かれた高野山

紀伊国は都に近い割には山深く、いわゆる「秘境」の薫りを感じさせる土地であったためか、紀氏の没落の後も宗教的聖地としてのイメージを失わなかった。この地に自らの宗教的拠点を置いたばかりでなく、終《つい》の栖《すみか》と定めた日本宗教史上の偉人がいる。弘法《こうぼう》大師こと空海《くうかい》である。

奈良から平安にかけての歴史は、仏教史においては新しい教えの模索の時期であった。奈良時代の古い仏教と決別するために、平安京を開いた桓武《かんむ》天皇は、二人の青年僧にその使命を担わせた。空海と最澄《さいちょう》である。

後に、空海は「弘法大師（法《おしえ》を弘《ひろ》めた高僧）」、最澄は「伝教大師（教《おしえ》を伝えた高僧）」と諡《おくりな》（功績を讃えた称号、大師号）が与えられたのも、空海の真言宗《しんごんしゅう》と最澄の天台宗がその後の日本仏教の流れをつくったからである。都を見おろす比叡山《ひえいざん》に拠点を築いた最澄に対し、空海がむしろ当時の感覚では深山幽谷《しんざんゆうこく》というべき紀州の高野山を選んだのは、俗界の交わりを断つということでは極めて効果的であった。

空海の建立した金剛峯寺《こんごうぶじ》を中心に、高野山は平安、鎌倉を経て、堂塔数百に及ぶ巨大寺院となった。最澄の比叡山延暦寺《えんりゃくじ》は織田信長の焼き討ちを受けて一時衰えた。これは蛮行というより、日本の宗教集団を武装解除するには止むを得なかったことだと、私は考えているのだが、その思い切った行動があってこそ宗教勢力の非武装化が達成されたことは、高野山金剛峯寺を見ればわかる。高野山は、実は信長の後を継いだ豊臣秀吉に焼き討ちされそうになったことがある。

しかし、結局焼き討ちは行われなかった。高野山が秀吉に全面降伏し、武装解除に応じたからだ。ではなぜあっさり降伏したかといえば、信長の前例があったからだ。信長の焼き討ちも、実は不意打ちではない。事前に警告を発している。だが、比叡山はまったく信じなかった。そんなことができるはずがないと高をくっていたのである。だからやられた。

そして、高野山はこの「前例」があったからこそ、秀吉はやるに違いないと思い降伏したのである。秀吉や徳川家康はこの点随分トクをしている。信長の「実行」以後は、それを誰も「単なる脅し」とは受け取らなくなったからだ。

ちなみに空海は、現在も高野山に生きたままとどまっていると、信じられている。

なぜ熊野詣が盛んになったのか

一方、同じく真言宗の大寺である根来寺《ねごろでら》（和歌山県岩出市）は、秀吉に反抗したため焼き討ちされてしまった。

根来寺は強力な鉄砲集団をもっていた。根来衆である。根来衆の僧兵の一人が鉄砲伝来の種子島に直接行って、鉄砲と火薬を仕入れてきたのが、根来鉄砲衆の始まりといわれる。

そして、紀州にはもう一つ、根来衆に優るとも劣らぬ鉄砲集団がいた。雑賀《さいか》衆である。鈴木孫一《まごいち》（雑賀孫一）を大将とする鉄砲衆は、戦国最強ともいわれ、この鉄砲衆が本願寺に味方したため、信長は散々てこずったといわれている。

本願寺は真宗の総本山で、その信仰の対象は阿弥陀如来であった。

西方《さいほう》十万億土の彼方《かなた》にある極楽《ごくらく》浄土の主で、南無阿弥陀仏《なむあみだぶつ》（私は阿弥陀如来に帰依《きえ》します）と唱えれば、すぐにきてくれて、どんな凡夫《ぼんぶ》でも悪人でも極楽に迎えてくれる、実にありがたい仏様である。

真宗は鎌倉時代の親鸞が開祖だが、阿弥陀信仰時代は平安時代からある。「浄土教」と呼ばれるものだ。『往生要集《おうじょうようしゅう》』を書いた源信も、阿弥陀如来の信者であった。

中世以降、日本人は神と仏を一体化した。

本地垂迹説《ほんちすいじゃくせつ》である。これによれば日本の神とは仏が化身したもので、本体（本地）は仏である、ということになる。

そして、日本の神の中で、阿弥陀如来が本体とされたのが、この紀州のもう一つの有力な神、熊野権現《くまのごんげん》であった。

ということは、熊野権現に参拝することは、阿弥陀如来に祈るのと同じ意味をもつことになる。

しかも、阿弥陀如来は十万億土という、人間の到底たどりつけない彼方にいるが、熊野は山深い土地といっても都から歩いていけないことはない。

こうして始まったのが熊野御幸《ごこう》である。

平安末期の年寛治4年（1900）、院政を創始したことでも知られる白河上皇が、熊野本宮大社に参詣したことが、その始まりである。上皇の治世は43年間だが、その間に8回も御幸は行われた（高野参詣は4回）。京都・熊野間約300キロメートルの道のりを、数百人の大行列が往復したのである。

このため山道ながら熊野街道は整備され、浄土信仰の高まりと共に、武士や庶民も頻繁にこの道を通るようになった。その安全を祈願してのことか、熊野街道の沿道には熊野三山《さんざん》（熊野本宮大社、速玉《はやたま》〈新宮〉大社、那智大社）から勧請された守護神などを祀ったという祠が多数置かれるようになった。

これを「王子《おうじ》」と呼ぶ。最盛期は「九十九王子」などと呼ばれたが、これは実数ではなく「たくさんある」ということだ。

鎌倉新仏教の開祖の一人である一遍《いっぺん》は、真宗の親鸞と同じく阿弥陀如来を本尊とした時宗を始めたが、そのきっかけはこの熊野に参詣《さんけい》し、神の（つまり阿弥陀の）夢のお告げを受けたことだった。

このように中世において熊野街道は、最もポピュラーな道の一つとなり、山の中の道であることもあって、阿弥陀信仰が衰えた後も「保存状態」がよかった。そのために平成16年（2004）に「紀伊山地の霊場と参詣道」として、世界遺産に登録されたのである。

話が前後したが、戦国時代に雑賀衆が熱烈な本願寺の信徒となったのも、もともとその信仰の対象である阿弥陀如来の、「故郷はここ」という意識があったからではないか。

本願寺は本地垂迹説、つまり熊野権現は阿弥陀如来と同体という説を、認めていないのだが、子供の頃からそういう話を聞いて育てば、やはり阿弥陀に対する親しみも違ってくるだろう。まあ、これは私の想像である。

「独立心が旺盛」な紀州人の性格

紀州は難治《なんち》の国であった。

住民の独立意識が高く、従順ではないからだ。鎌倉以来、宗教勢力が強くて大大名がいなかったことも、この傾向に拍車をかけた。しかし、その象徴的な存在であった雑賀鉄砲衆も信長・秀吉によって解体された。

ところで、「朝鮮出兵」の時に動員されて朝鮮半島に上陸したが、秀吉に反抗して朝鮮側に帰順した一族の子孫がいる。そのリーダーの名を朝鮮名金忠善《ちゅんそん》というのだが、日本名は「さやか」とだけ伝えられている。

「さやか」とは何か？　かつては「左衛門《さえもん》」がなまったのではないかといわれていたが、最近は「雑賀」を指すのではないかという人もいる。私もこれに賛成だ。雑賀衆は秀吉にむりやり屈服させられた。紀州人の性格からみて、このことは大いに有り得ることだと思っている。

その難治の地を、徳川幕府は家康の十男頼宣《よりのぶ》に与え、御三家の一つとした。紀伊徳川家である。頼宣という人物はなかなかの傑物で、彼はこの地を治めるにあたって、調査隊を派遣し風俗や人情、地侍《じざむらい》の動向などを詳しく調べ上げてから入部した。この頼宣の子孫頼方《よりかた》が、後に江戸の総本家で八代将軍吉宗となるのである。

その紀伊徳川家は、和歌山藩と称した。その由来は、この地には実は万葉以来の歌枕《うたまくら》（歌に詠み込まれる名所）の和歌浦《わかのうら》があったからだ。奈良時代から、この和歌浦の景観を楽しむための天皇行幸があったほどである。その和歌浦には玉津島《たまつしま》という美しい島もあった。

風吹けば　白波騒ぎ　潮干れば
玉藻刈《たまもか》りつつ　神代《かみよ》より
然《しか》ぞ尊き　玉津島山
山部赤人

この和歌浦を見下ろす山という意味で、城のあるあたりを和歌山と読んだのではないかと考えられる。

ところで、例の『新人国記』では紀州人のことをケチョンケチョンにけなしている。「上《かみ》は下《しも》を貪《むさぼ》り、下は上を侮《あなど》り、法令を用ゐず（ルールを守らない）」「欲の深きこと日本に双《なら》ぶ国あるまじ」――善意に解釈すれば「独立心旺盛」ということだろう。司馬遼太郎は「紀州人は敬語を使う習慣がない」

という意味のことを書いていた。

一方、島国で「籠る」のが好きな日本人の中で、紀州人は最も海外移民を好む、という話もある。

淡路国

瀬戸内海に浮かぶ淡路島。日本の古名を大八洲《おおやしま》（大きな八つの島）というが、本州、四国、九州の三大島（昔は北海道は含まない）の他に、大きな島として挙げられた五つの中に淡路島は入っている（他は壱岐《いき》、対馬《つしま》、隠岐、佐渡《さど》の四島）。

この「大きな島」淡路は、それゆえに一つの国として昔から認められていた。「淡路」という名については諸説あるが、本州から阿波《あわ》国（徳島県）への道、つまり「阿波路《あわじ》」ではないかというのが妥当な説だと思う。

都に近いこともあって、古くから開けていたらしい。縄文期、弥生期共に遺跡があり、古墳も多数あるが、いずれも円墳で前方後円墳がないのが一大特徴である。

「御食国《みけつ》」という言葉がある。

天皇の食膳に供されるものを供給する国という意味だが、伊勢国（三重県）などと並んで古く

から御食国に指定されていたのが、この淡路国である。

この時代の税制は租《そ》・庸《よう》・調《ちょう》と呼ばれ、租は米などの穀類、庸は労役、調は地方の特産品であった。淡路国からの調は雑魚、塩があり、また水手《かこ》（水夫）として徴発の記録もあるから、普段は漁師として活動している人々を必要な時には動員したのだろう。

というと海産物中心のようだが、実は古くから開発されたためか田畑も多く、すでに平安時代には二千六百町歩《ちょうぶ》以上の田があった。

海産物も米も豊かなところから、「魚稲の郷」とも呼ばれたという。

急遽《きゅうきょ》取り止めになった四国遠征

こうした豊かな島であったため、中世には都に近い石清水《いわしみず》八幡宮や高野山の荘園があった。

鎌倉幕府以後は、佐々木が守護となったが、以後、長沼―細川―三好と変わり、三好一族の安宅《あたぎ》清康の時に、織田信長に降伏し、そのために信長配下の武将仙石秀久に預けられた。

天正10年（1582）、信長はそれまで友好関係を保ってきた四国の覇者長宗我部元親《ちょうそかべもとちか》と絶縁し、四国を三男の織田信孝に与えるために四国遠征軍を結成し大坂に集結させた。6月1日のことである。

翌2日に軍勢は大坂を出帆し、淡路伝いに四国に攻め入る予定であった。信長が仙石秀久を淡路国主にしたのも、その含みがあってのことだ。

ところが、その四国遠征軍は海を渡らなかった。1日夜に丹波国（京都府中部）の亀山城を出陣した明智光秀が、突然京に向かい信長を討ち取ったからである。世にいう本能寺の変だ。

この本能寺の変の原因について諸説あるが、私は長年信長とは反《そ》りが合わなかった光秀が、この遠征軍の出発を阻止する意図もあって、反乱を起こしたものとみている。

というのは、信長と長宗我部が絶縁するまでは、織田家の対長宗我部外交を光秀が担当しており、その縁で光秀の家老斎藤利三《としみつ》の妹が、元親の息子信親に嫁いでいるほどの仲だった。つまり四国遠征はそれまでの光秀の「仕事」を徹底的に踏みにじるものだったのである。

しかし、四国遠征自体は一度は頓挫したものの、後継者の羽柴（のち豊臣）秀吉によって行われた。この時、仙石は活躍して手柄を立てたので、淡路国より広い讃岐国（香川県）を与えられた。代わって淡路国をもらったのが、秀吉配下の武将脇坂安治である。

脇坂は秀吉の「唐入《からい》り」、いわゆる「朝鮮出兵」において水軍の将をつとめた。つまり、古来徴発されていた淡路の民がこの時も使われたということだ。

この外征が大失敗に終わり秀吉が死ぬと、天下分け目の決戦「関ヶ原の戦い」が行われた。

この戦いの経過はよくご存じだと思うが、初めは石田三成が実質的な総大将（名目上の大将は毛利輝元）として率いる西軍が優勢だったが、小早川秀秋の裏切りによって逆転した。この時、徳川家康率いる東軍へただちに寝返ったのが、脇坂安治である。これで完全に大勢は決した。

この「功」で安治は淡路から伊予大洲《おおず》に転封となった。

池田家とかかわる伊賀越の仇討

代わって、淡路国をもらったのが池田忠雄《ただかつ》だ。

この人は数奇な運命の人であった。

母は徳川家康の娘督姫《とくひめ》で、彼女は最初は小田原北条氏に嫁いだが、秀吉によって北条氏が滅ぼされたために実家に戻っていた。

父は池田輝政である。今の姫路城を築いた輝政は実は次男であった。本来ならば池田家の家督は継げないのだが、合戦で父と兄が同時に討ち取られたため、その不幸によって幸運にも池田家の当主となった。

その父と兄が死んだ合戦というのが、徳川家康と秀吉が唯一度武力で対決した、小牧長久手の戦いなのである。

この戦いで輝政の父恒興《つねおき》と兄元助《もとすけ》が味方したのは秀吉方だった。つまり、輝政の父と兄は徳川家に討ち取られたのだ。

では、その父の仇ともいうべき家康の娘と輝政はなぜ結婚したかといえば、秀吉の仲介だったのである。

自分の政権下において、家康と輝政を仲直りさせようと考えていた秀吉は、ちょうど輝政が前妻と離縁したことを知り、わざわざ仲介の労を取ったのだ。この結果、生まれたのが忠継、忠雄の兄弟だった。

輝政には前妻の子利隆がいて、その利隆が輝政の本領を継いだが、忠継、忠雄も「神君家康公の外孫」ということで新たに領地をもらった。兄忠継が備前国岡山二十六万石、そして弟忠雄が淡路六万石というわけだ。

ところが、この兄忠継が早死したため、忠雄は岡山をもらえることになった。ちなみにこの時、忠雄の弟たちも遺領の分け前にあずかったが、その時できたのが赤穂藩であった。赤穂藩はのちに「忠臣蔵」で有名な浅野家（分家）の領地となる。

その「忠臣蔵」と並んで日本三大仇討ちの一つに数えられている「伊賀越の仇討《うち》」、俗に「鍵屋の辻の決闘」で知られている荒木又右衛門の仇討ちの、きっかけをつくったのが、実はこの岡山藩主池田忠雄なのである。

又右衛門も元は忠雄の臣であった。後に大和郡山藩に仕えたが、妻みねは池田家家臣の娘だった。その弟の源太夫が同じ岡山藩士の河合又五郎に殺されたのが事件の発端である。

又五郎は知り合いの旗本に匿《かくま》われたので、忠雄は「殺人犯又五郎」の引き渡しを要求した。当然の要求である。

ところが旗本は結束してこの要求を無視した。戦国が終わって間もない頃で武士の気性も荒く、なおかつ旗本は外様大名の高禄を妬《ねた》んでいたので、こういうことになったのだ。そして、これは大名対旗本の争いに発展した。

こうした中、病死した忠雄は死の間際に「必ず又五郎の首を取って我が墓前に供えよ」と遺言した。つまり、これは仇討ちであると同時に上意討ちでもあるのだ。そこで、みねの夫である又右衛門が、みねの弟で源太夫の兄でもある渡辺数馬を助けて、見事仇を討たせてやったという話である。

いずれにせよ、池田忠雄が岡山に去ったために、この地は阿波国の領主であった蜂須賀家に与えられることになった。

淡路島に伝わる貴重な人形芝居

蜂須賀氏とは、あの秀吉の腹心として有名な蜂須賀小六正勝の子孫である。

ちなみに、蜂須賀家は関ヶ原の戦いの時は西軍に属したが、孫の至鎮《よししげ》を東軍に味方させておいたため、家は無事に残り、至鎮は本国阿波に加えて淡路まで賜ったというわけだ。

しかし、本国阿波との間には海があるので、蜂須賀氏は家老の稲田氏を洲本《すもと》城代としてこの国へ送り、統治させた。

こうした経過を見れば、明治維新の廃藩置県の時、淡路は徳島県に入ってもよかったのだが、その時の微妙な力関係によって兵庫県に編入され、現在に至っている。

淡路の文化で特筆すべきは「淡路人形」と呼ばれる人形芝居である。

ああいうものを見ると、すぐに「文楽《ぶんらく》」という人がいるが、文楽とは大坂の人形芝居のことをいう。

かつては「デコ芝居」とも呼ばれた。人形が文楽に比べて、やや大きめなのが特徴で、立役（主役）の人形なら、文楽が「13センチ」なのに対し、淡路人形は「17センチ」だという。

舞台の大きさや花道の形式などにも違いがある。後に阿波でも淡路をまねて人形劇が行われるようになったが、最大の違いは阿波のはあくまで素人芝居であるのに対し、淡路は金を取って見せるプロの芝居であることだ。

江戸時代中期の最盛期には40座、「デコ回し」と呼ばれる「役者」も1000人近くを数えたという（以上『ニッポニカ2001』小学館刊による）。

淡路にしかない独特の演目もあったというが、残念ながら明治以降はふるわず、現在は観光客向けの浄瑠璃館で見るばかりという。例の『新人国記』には、

「遠島の国ゆゑ　人の気健《すこ》やかにして何事も偽りなし」と褒めてあるが、「都《すべ》て怠惰《たいだ》がちにして」「達人の出づべき所にはあらずとぞ」とある。

何事につけても名人上手が出ないというのだが、さて、それは本当のことなのかどうか、答えはこれから先にあるのかもしれない。

阿波国

阿波国、今の徳島県である。

縄文遺跡は乏しいが、弥生時代に入ると銅鐸《どうたく》が多数製作されたらしい。出土例が多い。「阿波」というのはもともと「粟《あわ》」と書いたらしいが、詳しい語源はわからない。とにかく、弥生時代に入ってから開けた土地であることは確かなようだ。

そして大和朝廷もこの国を「上国」とした。「大、上、中、下」という四段階が国のランクであるから、かなり高い評価といえる。都から海をひとまたぎでこられることから、国司は藤原氏の出身者が多かった。

しかし、中世以前は目立った特徴のない国といってもいい。

中世以降は、まず室町の名門大名細川氏の領地となり、その家来の三好氏がこの地を抑えた。

その時代の一大事件は、土佐の戦国大名長宗我部元親による四国統一であろう。

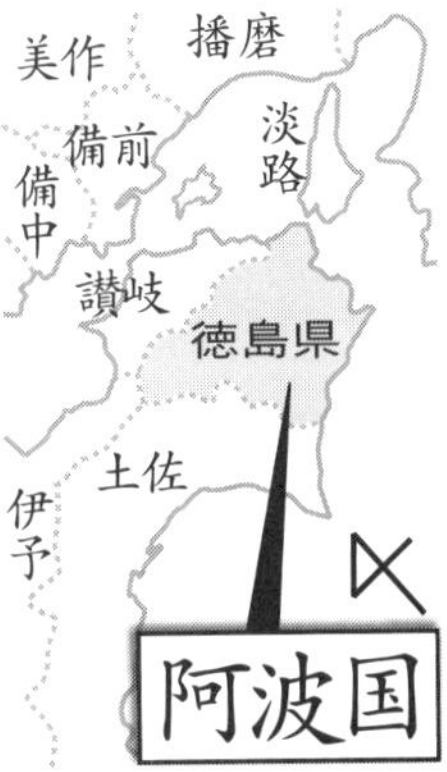

有史初めて元親の手によって四国は統一されたのだ。

ところが、その栄華はほんの束の間であった。本州で勢力を拡大した織田信長が土佐一国を安堵してやるから、残りの三国（讃岐、伊予、阿波）を渡せといってきたのだ。

元親はきっぱりと拒否した。そこで信長は三男の信孝を将とする長宗我部征伐軍を結成し、大坂に集結させた。この軍団は水軍の船に分乗し、四国へ上陸することになった。出航予定日は天正10年（1582）6月2日である。

ところが、出航は突然中止となった。

6月1日に明智光秀が本能寺に信長を襲って自殺せしめたからである。

実は、本能寺の変で最もトクをしたのが長曽我部元親なのである。

“百万石”の大大名だった蜂須賀家

では、元親は本能寺の変に何か関係していたのか？

直接関係はしていなかったようだが、間接的には影響を及ぼしていた。

既に述べたように、かつて織田家と長曽我部家は同盟を結んでおり、その時の担当者が光秀だったのである。

そして光秀の一の家老斎藤内蔵助利三《くらのすけとしみつ》の実の妹が、元親の息子信親に嫁いでいた。ちなみに信親の「信」は元服に際して信長が贈ったものである。

つまり最初は、信長は光秀に長宗我部家と友好をはかるように命じていたのに、ここで方針を変更し、元親を滅ぼすことにしたということだ。光秀にとっては面目丸つぶれである。これがすべてではないにしても、本能寺の変を起こす重要なきっかけであったことは確かだ。

ちなみに、長宗我部に追い出された三好家は羽柴（のち豊臣）秀吉を仲介として信長に取り入っていた。秀吉の養子となって関白を継いだ甥の秀次が、初めは三好家に養子に行っていたのは、そういう事情があったからだ。

しかし、一度は魔の手を逃れた元親も、最後まで「四国王」の立場は維持できなかった。ライバルを倒し天下人となった秀吉が、大軍を率いて攻めてきたからだ。結局、元親は降服し土佐一国の領主に戻った。

秀吉は阿波国を新たに蜂須賀正勝に与えた。通称「小六《ころく》」、あの蜂須賀小六である。最初は二十万石程度の領地であったが、この土地に大変なオマケがついていた。

藍《あい》である。

この地は、この染め物（藍染《あいぞめ》）の原料となる藍の栽培に極めて適した土地だったのである。藍はタデ科の一年草で、夏から秋に赤い花が咲くが、染料は葉や茎から取る。花とは違って一度見たら忘れられない深い紺色である。

この藍染は落ちにくく、耐久性も強い。江戸時代には化学繊維などないから、この染料（正確には藍玉《あいだま》）は売れに売れた。蜂須賀家は息子の家政、孫の至鎮《よししげ》の代に徳川家に味方し、淡路国を加増され合計約二十六万石の大名となるが、藍玉の収入は七十五万石分もあったという。つまり、これのおかげで蜂須賀家は、実質百万石の大名だったということだ。

ただ、この辺の理由は私もよくわからないが、江戸時代の徳島藩の年貢取り立てはかなり厳しかった。そのために一揆も多く起こっている。

その領民の不満をなだめるためでもあるまいが、「阿波」と聞けば反射的に出てくる言葉でもある「阿波踊り」は、蜂須賀家が来てからという伝承がある。

徳島の夏の風物詩「阿波踊り」

阿波踊りは盆踊りである。

日本の代表的な盆踊りといってもいいが、その起源は天正13年（1585）に蜂須賀家政が徳島に城を築いた時の、完成祝いに城下の町民が踊ったのが始まりだという説が有力だ。

もっとも踊り自体はもっと古くからあったという異説もある。ただし、この踊りが蜂須賀家の奨励によって盛んになったのは事実だ。

男女で連《れん》というグループを作って、三味線や笛ばかりでなく、鉦《かね》や太鼓《たいこ》までお囃《はやし》に使うというにぎやかさが、他に類を見ない。

「踊る阿呆《あほう》に見る阿呆、同じ阿呆なら踊らな損《そん》、損」という掛声、これを「よしこの」というが「アーラ、エライヤッチャ、エライヤッチャ、ヨイヨイヨイヨイ」などもどうやら明治あたりが起源で、そもそも最初は「阿波の盆踊り」だったものが「阿波踊り」と呼ばれるようになったのも明治以降らしい。

もっとも、この「歴史」については様々な議論があって、一つに決めるのは難しい。それだけこの踊りが愛されているということだろう。

明治起源といえば、特産の「すだち」も、突然変異でその頃生まれたという説がある。柑橘類でありながらマイルドな味で、しかも香りは良いということで、特に和食に好まれる。最近はこれを原料にした焼酎もあるようだ。

ところで、阿波十郎兵衛という名をご存じだろうか？　人形浄瑠璃の傑作で後に歌舞伎化もされた「傾城《けいせい》阿波の鳴門《なると》」の主人公である。これは阿波地方の伝説を題材にした芝居で、主人に尽くすために盗賊となった阿波十郎兵衛夫婦が、別れた幼い娘と巡り合うが、今の境遇を恥じて親子の名乗りを上げられない、という悲劇である。

子役の「父《とと》様の名は十郎兵衛、母様の名はお弓――」というセリフが涙を誘う。この劇は、十郎兵衛のモデルであった坂東《ばんどう》十郎兵衛の屋敷跡に記念館（徳島県立阿波十郎兵衛屋敷）があり、そこで人形浄瑠璃として見ることができる。

そして、この劇のタイトルともなっている鳴門の渦潮《うずしお》は今も昔も有名である。

これは、瀬戸内海と紀伊水道の潮流の差があるので、その接点である鳴門海峡に独特の渦潮が生まれるのだ。

特に春と秋の大潮の時期には、渦の直径は20メートルにも達するという。本四連絡橋もこの渦潮には苦心した。橋の近くに大鳴門橋架橋記念館がある。

東洲斎写楽は阿波の出身か?

さて、江戸時代の阿波でもう一つ触れなければいけないのは、あの謎の浮世絵師東洲斎写楽《しゃらく》が「阿波人」だという説があることだ。

写楽については「仮名説《かめい》」というものが、まずある。これは写楽の活動時期が極めて短く、あっという間に消えてしまったので、他の「有名人」が写楽という「ペンネーム」、つまり「仮名」で一時仕事をしたのではないかという説だ。

それは喜多川歌麿だったとか司馬江漢《こうかん》だったとか、いや絵師ではなく役者だったとか他の文化人だったとか、様々な説がある。日本で一番「説」の種類が多いのは、「邪馬台国」と「写楽」だという人もいるぐらいである。

しかし、こういう「仮名説」つまり「正体は――誰々だ」というのが、まったくおかしいとする説もある。すなわち、写楽は写楽であって、それ以外の何者でもない。つまり写楽という浮世絵師は一度デビューしたが、絵が受け入れられなくてすぐに引退してしまったのだ、と考える説である。確かに、今でこそ写楽は「天才浮世絵師」とされているが、昔の見方ではあまり受け入れられない画風であったことも、事実だ。ドイツ人クルトが写楽を世界に紹介するまでは、日本人は葛飾北斎や歌麿ほど写楽を評価していなかったのである。

そして実は、昔は「仮名説」もなかった。というのは『浮世絵類考』という古い文献に「写楽は本名斎藤十郎兵衛といい、阿波公つまり蜂須賀の殿様に仕える能役者であった」と書いてあるのだ。だから、写楽がこれほど有名になる以前は、誰もが「写楽＝阿波の斎藤十郎兵衛」という説を信じていたのである。

問題は斎藤十郎兵衛という能役者は確かに江戸時代、阿波国に存在したようなのだが、絵を描いたという記録が他に一切見つからないのである。

そこで、あれほどの絵を描く名人が「無名の新人」ではおかしい。きっと誰かの「仮名」であるという説が、むしろ現代になって盛んになったのだ。ということは、実は「阿波人」である可能性も捨て切れないということである。

ところで、ラフカディオ・ハーン（小泉八雲）と並んで日本を愛し、日本を世界に紹介した外国人にウェンセスラウ・モラエスがいる。これも明治の人で、最初は母国ポルトガルの駐在領事として神戸にやってきたが、日本人妻ヨネと結婚し、ヨネの故郷が徳島だったので晩年はこちらに移り住んだ。

実はその時ヨネはいなかった。既に亡くなっていたのである。しかし、モラエスは母国にも帰らずヨネを偲ぶために徳島にきた。そして、ヨネの姪にあたるコハルと暮らした。『おヨネとコハル』はその記録でポルトガル語で出版された。

今日、モラエスほど日本人の心にせまった外国人はいない、と評する人もいる。徳島市では毎年7月1日の命日をモラエス忌としており、市を代表する名山の眉山《びざん》の山頂にはモラエス館もある。

讃岐国

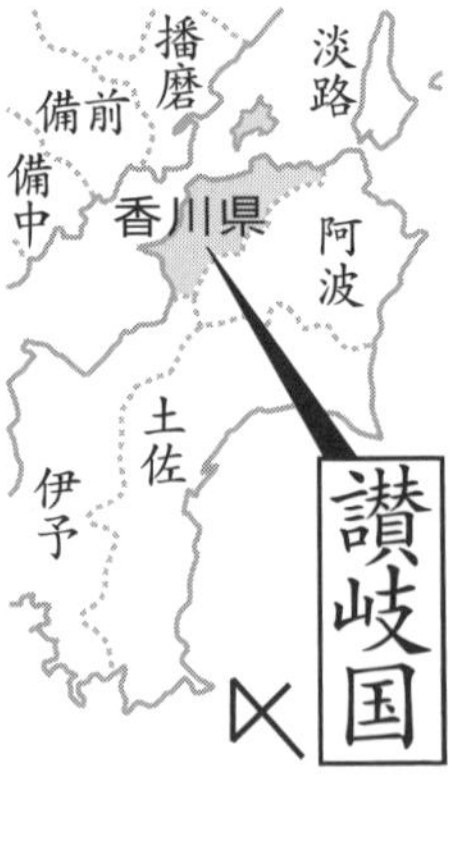

讃岐国《さぬきのくに》（香川県）は、四国の北東部を占める国である。現在、香川県は四十七都道府県の中で面積としては日本最小である。昔は壱岐の島なども一国であったので、最小の国というわけではなかったが、それでもサイズの小さな国であることは間違いない。

しかし、都の置かれていた近畿地方と海を挟んで真向かいにある関係もあり、しかもその間に淡路国（淡路島）という便利な回廊があったこともあって、古くから開けた土地であった。

この土地でまず最初にいうべきことは、真言宗の開祖である空海（弘法大師）の存在であろう。

真言宗の開祖、弘法大師誕生の地

空海は讃岐国の生まれであり、現在その生地には真言宗の巨刹である善通寺《ぜんつうじ》が建っている。空海はこの地方の豪族である佐伯氏の出であった。そして恐らく後世の記録から見て、小さい頃から神童であったのだろう。幸い空海の叔父が天皇の家庭教師の一人であったという恵まれた環境であったため（これは伝説かも知れないが）、幼い頃から英才教育を受け、都の大学にも入学した。

しかし、本来官僚の道を進むはずであった空海が、仏教に目覚めそれに転向してしまったのである。恐らく両親は最初、このことを嘆いたに違いない。なぜならば、官僚になるということは、家を継ぎ佐伯氏の名を興すということであるが、僧侶になるということはいわゆる出家であり、当時は僧侶の妻帯は一切許されなかったから、彼の子孫は続かないということでもあるからだ。

しかしながら、確かに佐伯氏一氏の視点から見ればそうかも知れないが、彼が仏教に転向したことは、日本の文化史、そして宗教史、さらには日本史そのものに対して大きな影響を与えることになった。

空海自身は最初、仏教というものは他の宗教、儒教などに比べて優れているという意識はあったものの、どの仏教を選択すべきか、ということには大いに悩んでいた。悩みに悩んだ青年僧空海は四国各地で修行した。例えば土佐国室戸崎で、彼はある種の悟りを開いたという伝説もある。後にこの空海の生まれた善通寺や修行した様々な聖地に建てられた寺八十八か所を巡礼し、空海の遺徳に触れるという習わしが始まった、これが遍路である。

それは後世のことだが、空海は自分の宗教的疑問を解決するために、当時仏教の最先進国であった中国（唐）への留学を思い立ち、それを実行した。

この時、同じ船で唐に渡ったのが天台宗の開祖最澄（伝教大師）である。二人は日本に帰朝の後、最澄は天台宗を開き、空海は真言宗を開き共に切磋琢磨《せっさたくま》した。

この二人が留学し新しい仏教を輸入した背景には、都が平城京（奈良）から平安京（京都）に移され、それを実行した桓武天皇が新時代の仏教、奈良仏教とは決別した新しい仏教を求めていたことが挙げられる。

そして、最澄が当時の仏教の集大成である天台宗を伝えたのに対し、空海はさらにそれを超えたものを目指した密教の真言宗を開いた。

密教というものはひと口で説明できるものではないが、あえてひと言でいうなら、書物で伝えられない修行の中に悟りの境地があるという感覚を示すものである。空海は後に高野山金剛峯寺《こうやさんこんごうぶじ》にこもって日本密教の祖となり多くの弟子たちを育成していくことになる。

ところで、空海は非常に多方面の才能があった人らしく、日本の三筆《さんぴつ》、つまり書道の名人としても伝えられるが、どうやら唐へ渡って大陸で優れた先端技術も学んできたらしいのである。というのは、当時日本最大の溜《ため》池であった故郷の満濃《まんのう》池の修復に桓武天皇の命令を受けて派遣されているからだ。つまり土木工事の現場監督を行っているのである。

これは空海が当時から故郷の民に慕われていたということもあるだろうが、単に学問を学んできただけの一僧侶では到底つとまらない仕事を成し遂げたということでもある。

讃岐国は気候温暖で非常に暮らしやすいところであるが、唯一の欠点として水源が少ないということがある。そもそも降雨量が少なく、そのために昔から製塩は盛んなのだが、保水力のある山がないために川も小さく、農業用水は昔から不足しているのである。

そこでそれを補うために平安の昔から溜池が造られた。近代以前日本最大の溜池である満濃池が讃岐国にあるのもそういう理由による。

人々が畏怖した崇徳上皇の霊威

ところで、讃岐国といえばもう一つ忘れてはならないのが金毘羅《こんぴら》様の存在であろう。金毘羅様というのは、いかなる神様か。その実体は大物主《おおものぬし》神とされる。いわゆる大国主命と同体とされる神道の神様である。しかしながら本地垂迹説によって、この大物主は仏教の守護神の一人である宮比羅（金比羅）と同体とされ、その同体である名前の方が逆に有名になったのである。

象頭《ぞうず》山というまさに象が横たわっているような山の上にある金刀比羅宮《ことひらぐう》は、日本有数の石段が続いており、その頂上からの眺めは絶佳である。瀬戸内海を航行する船乗りから航海の神様としても深く信仰を集め、江戸時代は伊勢参りと並んで金毘羅参りが一つの大きな庶民の娯楽であった。

実在の人物である清水の次郎長の一の子分である森の石松が、親分次郎長から金毘羅代参（代理参拝）を命ぜられ一人金刀比羅宮に向かい、その帰りに待ち伏せにあって切り殺されたのは有名な話である。

なお「金毘羅船々　追風（おいて）に帆あげてシュラシュシュシュ――」という有名な民謡は江戸末期の頃に既に歌われていたから、恐らく森の石松もこれを聞いたことがあったに違いない。

意外に知られていないが、讃岐にはもう一つ巨大な霊威を持った神様がいる。第七十五代の天皇、崇徳《すとく》天皇である。

崇徳天皇は、不幸な生まれの人であった。一応戸籍の上では父親は鳥羽天皇ということになってはいるのだが、実は鳥羽天皇の祖父である白河法皇が、鳥羽天皇の后に生ませたいわば不倫の子であったという。このため、「父」である鳥羽天皇から見ると、一応崇徳は自分の子であるということになっているが、実際には祖父の子だから、自分の叔父ということになる。そこで鳥羽天皇は崇徳を「叔父子」と陰で呼んでいじめ抜き、結局その位を早く退位させて、その息子には位を継がせなかった。

さらに不幸なことに、崇徳は自分が「叔父子」である事実を知らなかったらしい。そのため「父」である鳥羽上皇の仕打ちに憤り、鳥羽上皇の死後天皇に返り咲こうと反乱を起す。これが保元《ほうげん》の乱である。

保元の乱で崇徳上皇側には、源為義が付いたが、最も有力な武将である平清盛や源義朝（頼朝、義経の父）が敵方の後白河天皇側に付いたために、崇徳上皇は敗れてしまう。

一方、崇徳上皇はその身分の高貴さゆえに処刑こそされなかったものの、流罪ということになった。その崇徳上皇が流されたのが、この讃岐国なのである。

後に崇徳上皇は心穏やかになり、戦乱で死んだ人々の菩提を弔うために、膨大な量の経典を写経し都に送った。それを都のしかるべき寺院に納めてもらおうと思ったのである。

ところが、後白河天皇は、これには何かの呪詛《じゅそ》（呪い）が込められているに違いないとして、封も切らずに讃岐の崇徳上皇のもとに送り返した。怒った崇徳上皇は、自分の指を噛み切って、このお経に「全て魔に回向《えこう》する」と呪いの言葉を書きつけ、これを海に沈め、自らは爪も切らず、髪も切らず、幽鬼のような姿となって、憤死を遂げたという。

白峰山陵に奉葬されたが、それ以降、崇徳上皇は日本最大の怨霊神になったといわれている。なぜならばその崇徳上皇が最期に叫《さけ》んだ言葉が、この国の天皇家を呪ってやる、天皇家が没落して、天皇以外の者がこの国の王になるようにしてやる、というものだったからだ。そしてそれは実現した。

ご存じのように後白河政権は平清盛に実質的に乗っ取られ、その平清盛を滅ぼした義朝の子、源頼朝が鎌倉幕府を開き、朝廷はこの国の政権を失ってしまった。

武士の政権が誕生したのは、武士という武装農民が日本の経済と軍事の両方を握っていたにもかかわらず、それに対して何の権利も与えられなかったからだが、人々はこれを崇徳上皇の呪いが実現したとみた。そこで崇徳上皇は日本最大の怨霊神ということにされ、畏怖のもとにその祟りがずっと語られることになったのである。

国民の多くは知らないが、明治維新のとき、久々に武家から天皇家に権力が戻って来ることが確実になったときに、時の朝廷は何をしたか。この讃岐の白峰に勅使を派遣したのである。そしてこの崇徳上皇の神霊を都に移し、そこに白峯《しらみね》神宮を建立して鎮座させた。明治天皇はそれから元号を明治と改めたのである。

ちなみに正式に即位したのも崇徳上皇の神霊を都に招いてからだ。多くの人は知らないが、これは歴史上の事実であって伝説などではない。それぐらい畏《おそ》れられていたのだ。このため『太平記』にも日本最大の怨霊、怨霊界の大魔王として崇徳上皇は登場する。また江戸時代の上田秋成は、有名な『雨月物語』の中でまさに「白峯」を第１篇とし、讃岐の白峰を訪ねた西行法師が崇徳上皇の怨霊と対話するという物語も書いている。

丸亀城築城についての疑問点

江戸時代になって讃岐は東と西で二つの大名に統治されることになった。一つは高松藩であり、もう一つは丸亀藩である。高松藩はあの水戸黄門の息子の系統がずっと藩主を勤めた。

そもそも讃岐の中心は、高松ではなくて丸亀であった。丸亀に大きな城が造られていたところに、後から割り込む形で高松藩が来たのである。

この丸亀城の築城については少し謎がある。というのは、この城は一国一城令で元和元年（１６１５）に廃城になったのに、寛永20年（１６４３）に再築城されたのである。この時代、関ヶ原で勝ち、大坂夏の陣で豊臣家を完全に滅ぼしたことで、徳川家は、一国一城令を発したのだ。これは軍縮である。

戦争が当たり前だったそれまでは、一つの国の中にいくつもの城があった。それを、これからは戦争がない世の中だからということで、破却を命じ、原則として一国（厳密には一大名）に一城に制限したのが、一国一城令である。

ところがそれに逆行するように幕府は、外様大名の山崎家に命じて、この瀬戸内海を見下ろす山の上に堅固な城を築かせているのである。

これについては一説がある。島原の乱が起こった当時、キリスト教勢力（スペイン、ポルトガルなど）が日本に攻めてくることを恐れて、瀬戸内海の防備を強化するために、あえて平和な時代に逆行して城を造ったのではないかという説がある。私はこの説が当たっているのではないかと思う。それ以外にこの平和な時代にわざわざ軍事基地を、それも平城が当たり前の時代に平山城《ひらやまじろ》を造る理由がわからないからだ。

しかも外様大名にそれを命ずるということも極めて異例のことである。幕府は外様大名が反乱を起こさないよう、城などは新たに造らせないことを基本政策としていたのだから、それを説明できるのは、やはり今の考え方ではないかと思う。

ところで、讃岐といったとき、今一番知られているのは讃岐うどんかも知れない。

この地は水に乏しく、米の代わりに小麦の方ができやすいということもあって、うどんは昔からの名物であった。そもそもその製法を空海が伝えたという説もあるが、これは伝説であって、確認が取れない。瀬戸内海でとれる豊富な魚を使ったうまい出汁《だし》に、非常に腰の強い麺をあわせた讃岐うどんは、大変なブームだが、実は「讃岐うどん」という言葉ができたのは、１９６０年代以降らしい。

もっともそれ以前から、この地方特有の今と同じようなうどんは存在した。それを「讃岐うどん」と呼ぶようになったのが、わりと最近のことなのである。

香川県に来た旅行者は、よく「どのうどん屋が美味いですか」と聞くが、実はその質問には本当は答えられないのである。なぜならば、香川県内にはいたるところに手作りのうどん屋があって、様々な味を演出しているからだ。だから私の知り合いも「私の好きなのはここですけれど、あなたのお口に合うかどうかはわかりません」というような言い方をする。

そもそも讃岐うどんだからといって、うどんの味が全て同じだと考えるのは、実は讃岐うどんそのものに対する大きな誤解なのである。

土佐国

土佐国（高知県）について、中世の書物『人国記』の著者は褒めちぎっている。

現代語訳すれば、

「この国の人々は実に素直で正直で、人間だけでなく馬や獣すらそうだ。特にこの国の猿は性質が素直で芸が仕込みやすいと言われている――」

ひょっとして「芸を仕込みやすい」とは皮肉で、人間についても当てこすっているのかと思ってもみたのだが、どうもそうではないらしい。素直に褒めているようなのだ。

欠点としては「言舌卑《ごんぜついや》しき」つまり「言葉が汚い」とだけいっているが、これはまあ偏見というものだろう。

かつては「卑しい」といわれた「関東弁《あづまことば》」がいまや標準語で、京や大阪の言葉は「関西なまり」といわれるが、1000年も前はこれが逆だったことを考えれば、これは欠点というには当たら

ないだろう。

土佐人は「素直」と言い切れるか

しかし、私がこの記述に異を唱えよう。

「素直というのは少し違うんじゃないの」と。

素直というと、何か聞き分けのいい「お坊っちゃん」のような感じがするが、土佐人というのはそうではあるまい。

確かに自分の信念には忠実で、簡単にそれを曲げることはしない。しないがゆえに、考えの違う相手に会うと、それを議論で変えさせようとする。自分の信念に添わせようとするわけだ。しかし、相手も同じことを考えているから、議論は簡単には終わらない。

土佐人というのは日本有数の議論好きであると、かつて司馬遼太郎が書いていた。訴訟好きで土佐では弁護士の数が多いとも述べていたが、これは統計的に見ると根拠は無いようだ。

また、司馬遼太郎はこの地を、日本人が最もはまった宗教である親鸞の教え（浄土真宗）を、まったく受容しなかった奇跡的な場所だといっている。

つまり、「後生《ごしょう》（死後）」のことを考えて、極楽往生を願い、念仏を唱えるのが大方の日本人なのに、土佐では老人でも喜々として狩猟や釣りに精を出し、老若男女が日々酒を飲むという、実に現世享楽型であるというのだ。

「土佐の酒」については、私も多少経験がある。

私は自分では酒がそんなに弱い方ではないと思っているのだが、潰れた（潰された？）経験が二回あって、それが両方とも土佐なのである。特に、女性が強い。自治体主催の教養講座の打ち上げで、きょうは真面目な（？）女性ばかりだと思っていると、エライ目に合う。

司馬遼太郎の言によれば、土佐では飲み過ぎて路上に倒れ車に轢《ひ》かれても、「バカな奴」と軽蔑されるどころか「よく、そこまで飲んだ」と称賛されるそうだから、酔いつぶれるのは恥ではないのかもしれない。いや一升酒は当たり前というのは、他県人のレベルではなかなかついていけません。

日本の国の成り立ちから見た土佐国

自分の信念に忠実というのは、ゴーイング・マイ・ウェイであるということだ。他人の評判なんか気にしないのである。

日本人は基本的に農耕民族だと私は思っているのだが、土佐人はかなり狩猟民族が入っている。日本という国の成り立ちを、山城国のところで少し述べたように、私はおおよそ次のように考えている。

最初、日本には先住民族がいて、その先住民族の文化が縄文文化だった。縄文は大変優れた文化で、狩猟・漁撈《ぎょろう》を中心として、一部定住して初歩的な農耕のようなこともしていた。だが基本的には狩猟民族であって、森や海からの獲物を天の恵みとして食料、衣料とする文化であった。

ところがそこに、大陸あるいは朝鮮半島から本格的な農耕（稲作）と鉄器をもった人々がやってきた。

これが弥生人だ。

弥生人は生産性に優れているから、ちょうどアメリカの白人たちがネイティブ・アメリカンの土地を奪っていったように、縄文人を圧迫し追いやっていった。

そして、弥生人が王国を築いた場所では、衣食住すべてが大地の恵みで入手できる。衣は麻や絹でいいし、食は米や雑穀《ざっこく》でいいし、住居も檜《ひのき》や杉があれば十分だ。つまり弥生文化では動物を殺さなくても生きていけるのである。

これに対して狩猟民族は、衣も「毛皮」を使い、食は「獣肉」、住居も「皮のテント」という生活で、動物を殺さなければ片時も生きてゆけない文化だ。弥生人は、こうした縄文人の文化を「野蛮」として排撃する。

大和朝廷の東北征服つまり征夷大将軍の遠征も、私は結局それだったと思っている。つまり蝦夷《えみし》は最後の縄文人ということだ。

蝦夷は最後は北海道に逃げた。ここは稲作の不可能な辺境の地だったからだ。逆にいえば、辺境の地であればあるほど、先住民の縄文文化が残りやすいということにもなる。

土佐の狩猟民族的な部分は、結局それではないだろうか。つまり交通の便がよくないところでは、昔ながらの気風も残ったということだ。

坂本龍馬を生んだ歴史的背景

土佐といえば「いごっそう」という言葉がある。何と訳すべきか、「頑固者」いやちょっと違う。筋は一本通っているが、決して頑《かたく》なではなく柔軟性もある。

やはり坂本龍馬がその代表だろう。

江戸時代の土佐藩は山内家の領地であった。山内家の藩祖山内一豊《かずとよ》は、本人よりも、一豊の妻のエピソードで有名だ。

一豊は織田信長の家来であったが、身分はごく低かった。

ある時、信長の城下に東北の馬商人が、実に見事な駿馬《しゅんめ》を連れてきた。誰もが欲しがったが、黄金10枚という値段には手が届かない。一豊も当然手が出ない。

がっかりして家に帰った。不審に思った妻の千代《ちよ》がわけを聞くので語ったところ、千代はにっこり笑って黄金10枚を出し「これは何か夫の大事に使いなさい、と母に渡されたものです」という。

一豊は驚き喜んで、馬を買い求めることができた。

偶然にも、信長はその後に馬揃《うまぞろ》え（観兵式《かんぺいしき》）を行ったので、一豊の馬は織田家中の注目を浴びることになった。

貧しい一豊が素晴らしい馬に乗っているので、信長は理由を尋ねた。そして、事情を知ると大変喜んで、「その馬商人を手ぶらで帰らせたら、織田家全体の恥になるところだった」と一豊を称賛し、それがきっかけで一豊は出世の道を歩むようになった——というものだ。

戦前は「教科書」にも載っていた話で、「内助の功」「武士のたしなみ（いざという時のためにいつも準備しておく）」の代名詞になった話である。

この山内家が、関ヶ原で西軍に味方し滅亡した長宗我部家に代わって、土佐の領主として外から入ってきた。

山内一豊という人は、残念ながら少し肝っ玉の小さい人だったようだ。

まったくなじみのない国に入部するにあたって、当時の大名は前領主の旧臣を雇うことが常識だった。その方が地元民との融和をはかる効果があるからだ。徳川家康が武田滅亡後の甲斐国にあたって、武田遺臣の甲州武士を大勢雇い入れたのは有名な話である。

ところが、山内一豊はそれをせず、外で雇った侍ばかりで土佐に入った。そして長宗我部家の遺臣たちを処刑したり追放したりして弾圧した。「いごっそう」たちは「山内侍」に散々抵抗した。

この抵抗に手を焼いた山内家では、彼らを武士より一段下の身分の郷士《ごうし》として遇することにした。つまり苗字帯刀《みょうじたいとう》は認めるが、扶持《ふち》（家禄）はやれない。自分の食い扶持は、田畑を耕すなり商売するなりして稼げ、というものである。

このことによって紛争はおさまったが、武士と郷士の対立はその後も続いた。エリート意識をもつ山内侍が、何かと郷士を差別したからである。坂本龍馬の家は町人郷士といって、この郷士の身分を金で買ったともいうべき富裕な町人の家柄だった。

しかし、坂本家も戦国大名明智光秀の子孫であるという伝承があった。本能寺の変の後、近江坂本城を脱出した一族が土佐に流れついたというのである。だから龍馬の家紋は明智家と同じ桔梗《ききょう》なのだが、龍馬自身これを信じていたかどうかは別として、昔は「山内侍」と身分は同じだったという意識はあったはずだ。

ところが、現実には山内侍は地元生え抜きの郷士を何かにつけて差別する。江戸で、生涯の師勝海舟とめぐり合い、「アメリカでは皆平等で、市民が選挙で大統領を選ぶ」と聞いた時、龍馬の「いごっそう」魂に火が付いた。「日本もそうならにゃいかん」ということだ。

他の明治維新の志士たちが、最後まで「藩」のワクにとらわれたり、「武士か町人か」という身分のワクにとらわれているのに、龍馬だけがこれを飛び越しているのには、こんなところにも理由がある。

そして、明治維新が成った後も、それは決して平等・公正な政府ではない、と立ち上がった人々、議論によって世の中を変えようとした人々、すなわち自由民権運動の同志が、土佐から続々と生まれたのも偶然ではない。

土佐人には、自由とか独立という言葉がよく似合う。ただ、「はりまや橋」のみすぼらしさは何とかしてもらいたいものである。

伊予国

現在の四国愛媛《えひめ》県にほぼ一致するのが伊予国《いよのくに》である。

四国は瀬戸内海に面した側と、太平洋に面した側で、気候が違い気風も違う。

ひと言でいえば、大きな海に面した国は、楽天的で豪快という特徴があり、四国でも土佐国（高知県）や阿波国（徳島県）がそうで、伊予も南へ行けば行くほど土佐の気質に似てくる。

四国最高峰の石鎚《いしづち》山（１９８２メートル）は『日本霊異記』にも見える、修験道の名峰であり、この国が四国という「島」の中でも水に恵まれた土地であるのは、こうした「保水力」をもつ山々からの恵みだろう。

自然の恵みといえば、もう一つある。日本三古湯の一つでもある道後温泉だ。

そもそも「いよ」とは「い湯（出湯《いでゆ》）」だという説もあるぐらいで、都からは遠く離れた地でありながら、古くは聖徳太子が湯治に来たという伝説があり、中大兄皇子《なかのおおえのおうじ》（後の天智天皇）や

額田王《ぬかたのおおきみ》がここへ来たことは確実だ。『万葉集』にある有名な額田王の歌「熟田津《にきたつ》に　船乗りせむと月待てば　潮もかなひぬ　今はこぎいでな」は、ここで詠まれたものなのである。

　では、なぜ天皇家の人々が道後へ来たかといえば、ここが海路で九州大宰府、あるいは大陸へ行く時の宿営地だったからである。もちろん、地理的な条件プラス道後の湯があるということが、中継地点として利用された大きな理由だろう。

伊予の海で勢力を誇った「海賊」

　海といえば、もう一つ「海賊」というものがある。いや、水軍といった方がいいかもしれない。海賊というと「強盗」というイメージがある。倭寇《わこう》などもそうだが、実体は少し違う。

　確かに、いわゆる海賊もいた。だが、その多くは貿易商人でもあった。海の上は無法地帯だ。警察などいないし、呼ぼうと思っても不可能だ。だからタチの悪いのは商売ではなく略奪しようとする。当然、危険を回避するために武装はしなければいけない。

　今はマラッカ海峡を非武装の商船が通っているが、それは世界が平和で、海の上の治安も守れるような体制ができたからだ。もっとも最近はまたぞろ海賊が復活したようだが、海の民というのは地面の上に本拠を置いている人間の常識では計れないところがある。

　実は、この伊予国がそうした海の民の一大根拠地であった時代がある。

　最初は平安時代中頃だ。10世紀前半、律令国家の屋台骨をゆさぶる反乱が起こった。承平《じょうへい》・

天慶《てんぎょう》の乱、つまり平将門《たいらのまさかど》と藤原純友《ふじわらのすみとも》の反乱だ。

この二つは時を同じくして起こった。

反乱とはいうが、当時の朝廷はまともな政治をしておらず、特に地方に対する「行政」は政治の名に値しないものであった。その「ノー政」に抗議し、関東の独立を夢見て挙兵したのが平将門であり、これはよく知られている。武士の政権である鎌倉幕府が成立したのも、先駆けとしての平将門がいればこそだ。

しかし、将門ほど有名でないにもかかわらず、当時はむしろ朝廷の心胆を寒からしめたのは純友の方なのである。

純友自身は中央の出身で、この地には伊予掾《いよのじょう》（県庁の局長クラス）として赴任してきたが、任期が過ぎても京へ帰らず、伊予日振島《ひぶりじま》を本拠地に海賊の棟梁《とうりょう》になった。そして地元民の信望を集めて、一大勢力を結成し、将門の乱と時を同じくして挙兵した。

タイミングがあまりに良すぎるので、二人は面識があり東西呼応して乱を起こしたのだ、という説が昔からあるが、確証はない。たぶん偶然の一致だろう。

純友の勢力は一時大変な力をもち、まったく無防備だった京へ攻め込む勢いを見せたが、将門の敗死の報が届けられると兵を引き、最終的には朝廷軍に滅ぼされた。もし、将門があっけなく討ち取られなければ、純友は京を占領していたかもしれないのである。

しかし、首領が討ち取られたとはいえ、「海賊」とはもともと海の民の代表であるから、純友亡き後も生き残った。中世では、特に河野氏が河野水軍を結成し、元寇（蒙古襲来）の時は大活躍した。

また、鎌倉新仏教のうち「踊り念仏」で一世を風靡した一遍上人も河野氏の一族、すなわち伊予出身なのである。

瀬戸内海に浮かぶ大三島《おおみしま》にある大山祇《おおやまづみ》神社は、伊予国一の宮で古くから航海神として、周辺地域の信仰を集めていた。

真っ白な砂の前庭には、樹齢1000年を超える楠の老木があり、その先に社殿が鎮座する見事な神社だが、ここで何よりすごいのは宝物館の方だ。奉納された武具、特に鎧《よろい》のコレクションでは日本一であろう。武家文化に興味のある人は、必ず一度は訪れるべき聖地でもある。

歴史と文学の薫りが漂う松山市

しかし、水軍が必要とされる荒々しい時代が過ぎ、「徳川三百年」の長い太平に入ると、むしろ温暖で食いっぱぐれのない風土が、おだやかな気風を生んだ。

伊予というと、松山、お城、坊っちゃん、というイメージが強いだろう。夏目漱石《そうせき》の『坊っちゃん』は自らの体験談をベースにした物語だが、「――なもし」という独特の方言で話す、あののんびりした調子が、むしろ今の伊予を象徴しているかもしれない。

ただ、同じ伊予国でも、冒頭に述べたような気質の差はある。

松山のあるところは中予というが、伊予国はその東側の今治《いまばり》を中心として東予、南側の宇和島を中心とした南予に分かれる。

東予は工業地帯であまり文化の薫りはしない。一方、松山は松平氏十万石の城下町として栄え、正岡子規、高浜虚子《きょし》など近代日本の俳句を興隆させた人々が出たところでもある。

今でも市内にはあちこちに俳句ポストが置かれ、観光客も自由に投稿することができる。聞くところによると優秀作に選ばれれば、地元名産の民芸品「姫だるま」を送ってくれるそうだ。

ちなみに松山とは、尾張出身で豊臣秀吉子飼いの武将加藤嘉明《よしあき》が、この地に領地を与えられ、城がそれまで海沿いにあったのをこの地に移した時に、与えた名前である。

信長が「井の口」を岐阜と改めたように、その後継者である秀吉が今浜を長浜に改めたように、嘉明もそうしたのである。

松山城は、嘉明が20数年かけて完成した天下の名城だ。しかし、皮肉なことに、完成した途端に加藤家は国替えとなり、家康の異父弟の系統である久松松平家が入ってきた。外様の加藤の巨城はまんまと幕府に乗っ取られたというわけだ。

〝豪快〟なイメージの南予地方

一方、南予の宇和島は、伊達家の分家の城下町だ。政宗の妾腹《しょうふく》の息子である秀宗が藩祖である。本家の伊達家でも伊達騒動があるように、分家の伊達家にも宇和島伊達騒動がある。

初代藩主秀宗と家老山家清兵衛《やんべ》との間に起こった紛争である。真相はよくわからないが、前後の事情からどうも殿様の秀宗が家老を煙たがり、大した非もないのに殺してしまったということらしい。なぜなら、その後、清兵衛の怨霊が大いに祟り、後悔した秀宗はその霊を祭神とした和霊《われい》神社を建立したからだ。和霊神社はこのあたり一番のにぎわいを見せる神社で、特に大漁・豊作祈願では有名である。

同じ伊達家でも、やはり風土の違いが与える影響は大きいのか、幕末の宇和島伊達藩は幕末四賢侯の一人である宗城《むねなり》の下、富国強兵近代化につとめ、明治維新の先駆けとなった。ちなみに、「黒船」と呼ばれる蒸気船を宇和島藩の職人が見よう見まねで造り上げてしまった。日本人は器用というが、これは大したものだ。

「三予」のそれぞれの違いを語る有名な話がある。１００万円もらった時に、それぞれがどう使うかというものだ。

東予の人はそれを元手に商売をし倍にしようとする、中予の人は貯金し利子で遊興する。南予の人は一夜でぱあーっと使ってしまうというのだ。そういえば南予の宇和島には「闘牛」がある。隠岐などと同じで、牛同士を文字通り角突き合わせて戦わせるものだ。土佐国の闘犬の「牛バージョン」だと思えばいい。

古くからこの地には「伊予の駆け出し」という言葉もある。「話を途中までしか聞かず、すぐに行動に出る」ということだ。悪くいえば「おっちょこちょい」ということなのだが、そもそも「駆け出す」ことができるのは、気候が温暖だからで、雪国ではそうはいくまい。今、伊予国で最も代表的な産物である「ミカン」の原産地が中国の温州であることからみても、この温かな地に最もふさわしい果物であることはまちがいない。

気候風土は人をつくり、また人が気候風土にふわさしいものを付け加えていくのだろう。

第五章

西海道

豊前国　対馬国
豊後国　肥後国
筑前国　日向国
筑後国　大隅国
肥前国　薩摩国
壱岐国

豊前国

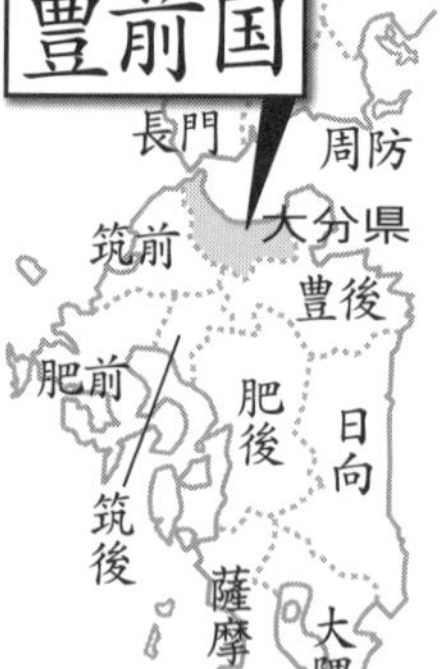

「県民性」をテーマにした本があるが、「奈良県人はおっとり」とか「岡山県人は自己主張が強い」とか、やはり地勢の生み出す共通性というものはある。

だが、私にいわせると「県（正確には都道府県）」でひとくくりにするには、範囲が少し広過ぎると思う。昔と今では条件が違うし、「地域共通性」というものがあるとしたら、やはり今より昔の条件がその土台となっているからである。

今は新幹線がある。1日どころかわずか4分の1日で東京から福岡まで行ける。飛行機ならもっと速いし、昔はそれこそ何日もかかった日本海側へも、2時間以内に行ける。

昔の人はそうはいかない。特に、山や峠あるいは川というものを越えるのは大変なことだった。橋があるといっても、そこだけがつながっているので、今なら車で橋まですぐに行けるが、昔ならば半日や1日かかることも珍しくない。だから、そうしたものによって住民の「意識」が区切られる。

たとえば静岡県の中央には、大井川という大きな川が流れている。昔はこれが天然の国境であった。川の東側が駿河国《するが》で西側が遠江国《とおとうみ》だ。この県は今でも東と西で、購読している新聞からウナギの焼き方まで何もかも違う。Jリーグのサッカーチームも「清水エスパルス」（東）、「ジュビロ磐田《いわた》」（西）と二つある。

もちろん、逆に旧国の領域と現在の「県」がほぼ一致している場合（例　大和国《やまと》〈奈良県〉、肥後国《ひご》〈熊本県〉、あるいは信濃国〈長野県〉）もあるが、日本60余州（国）を都道府県にまとめた時、合併または分離させられてしまったところも多い。

その中で三つの国がまとめられてしまったところもある。それが福岡県で、この項で取り上げる豊前国《ぶぜんのくに》が小倉《こくら》を中心とした東部（大分県北部地域も含む）、そして博多を中心とした北部の筑前国《ちくぜんのくに》と、久留米を中心とした南部の筑後国《ちくごのくに》に分かれる。

九州地方と関係が深い宮本武蔵

福岡県というと、日本で一番多く芸能人タレントを出している県といわれ、華やかでお祭り好きのイメージがあるかもしれない。

だが、それはむしろ筑前国（博多）のものであって、豊前国はそれとはかなり違う。中心地の小倉には城がある。つまり城下町だ。

城下町といえば福岡（市）もそうだが、ここは昔からの国際貿易港で商人の町でもあった博多に、あとからきた黒田氏がむりやり城下町を建設したところであり、江戸時代を通じても商人の町のイメージが強かった。

これに対して小倉は、関門海峡という要衝《ようしょう》を守る軍事基地としての意味合いが強かったためか、城下町つまり武士の町のイメージである。そこで一応、保守的な小倉（豊前）、革新的な博多（筑前）という色分けがある。

しかし、私などは豊前あるいは小倉界隈《かいわい》というと、3人の人物をすぐ連想する。

まず最初の人物は、剣豪の宮本武蔵である。

宮本武蔵は小倉から船出して、関門海峡の舟島《ふなじま》に渡り巌流《がんりゅう》佐々木小次郎と決闘し勝利をおさめた。それ以後、舟島は「巌流島」と呼ばれるようになったが、武蔵がここを選んだのは、そもそも佐々木小次郎の保護者であった大名の細川氏が、初めはこの小倉にいたからだ。

巌流島は行政区分でいえば山口県側に属するようだが、細川家が小倉の大名であったからこそ、この地域が決闘の場所に選ばれたのである。

後に細川氏は肥後国《ひごのくに》熊本に転封になり、小笠原氏が小倉城の主となる。武蔵の経歴はよくわからない部分が多いのだが、小笠原氏に一時仕えたこと、そして奇《く》しくも晩年は熊本に移った細川氏に世話になったことは事実のようだ。

ここで紹介しておきたいのは、武蔵の養子で後に小倉藩小笠原家の家老にまで出世した、宮本伊織《いおり》のことだ。

伊織は、父武蔵の顕彰碑（石碑）を、小倉の手向山《たむけ》に建てた。

この手向山は今は公園となっており、眼下に関門海峡そして巌流島を見おろす絶景の地である。武蔵の経歴は先にも述べたように、わからない部分が多い。諸国を放浪して晩年まで大名に仕えなかったからだが、ともすれば、歴史の中に埋没してしまいそうな武蔵の存在を、確かなものとして伝えるのが、この顕彰碑なのである。小倉に行くなら一度は立ち寄ってみたい場所だ。

炭鉱で繁栄した北九州人の気質

二番目の人物は、これは、ご当地出身の作家火野葦平《あしへい》の小説『花と龍』に登場する玉井金五郎だ。このあたりは、かつて日本経済を支えた筑豊《ちくほう》炭田の玄関口でもあった。明治から大正にかけて、小倉の隣の若松（旧筑前国。今は合併して同じ北九州市となっている）の港は、石炭の積み出し港としてまさに「ゴールドラッシュ」の真っただ中にあったが、その若松港で石炭の港湾作業員（はしけと本船の間で石炭の積みおろしをする人）の「親分」をやっていたのが玉井金五郎で、火野葦平（本名　玉井勝則）の実父つまり実在の人物なのだ。

オールドファンには、中村錦之介（萬屋《よろずや》錦之介）主演の東映作品がなつかしいだろう。気は荒く、少々がさつだが義理と人情に篤《あつ》いという。

また、このあたりで少年時代を過ごした五木寛之の『青春の門』も、冒頭の「筑豊編」には、筑前から豊前にかけての雰囲気がよく出ている。

「がさつ」といったが、それは一面的な見方かもしれない。というのは、「文学の花」は筑前や筑後よりも、むしろこちらに咲いているからだ。

岩下俊作の「富嶋松五郎伝」といってわからなくても、「無法松の一生」といえば中年以上の世代なら知っているだろう。

阪東妻三郎（バンツマ）、三船敏郎、三國連太郎と3人の名優によって再三映画化されていることも、このドラマの質の高さを示している。

未見の人のためにストーリーを少し紹介しておこう。

時代は明治38年（1905）、日露戦争時の小倉である。村田英雄の歌に「小倉生まれで玄海育ち　口も荒いが　気も荒い（作詞　吉野夫二郎）」とある通り、いつも騒ぎを起こしているが、腕のいい人力車夫《しゃふ》、それが松五郎である。

ある日松五郎はケガをした少年を助けたことから、その父の陸軍大尉吉岡のところへ出入りするようになる。ところが吉岡は戦死してしまう。そこで松五郎は、その未亡人と息子のために献身的に働くようになるが、そのうち未亡人に対する思いが募り、深く悩むようになる――。

結末は伏せておこう。アメリカ人ならハッピーエンドにするところだが、日本ではそうはならない。むしろ「忍ぶ恋」がテーマの作品といっていいだろう。一度は観ておいて損のない映画（作品）である。

謎が多い豊前一の宮の宇佐神宮

文学ということでは、推理小説の巨匠、松本清張もこの地の出身で、現在は小倉に「松本清張記念館」もある。この記念館は清張の全著作および主要草稿が保存されているだけでなく、館内にその書斎が完全に移築保存されているのが大きな特徴で、個人の文学館としては日本有数のものである。清張ファンなら一度は訪れるべき場所だろう。

その清張が、陸軍軍医として小倉に赴任してきた時代の文豪森鷗外を題材に取り上げ、その鷗外の『小倉日記』を探し求める孤独な文学青年の生と死を描いたのが『或る「小倉日記」伝』で、これで清張は第28回芥川賞を受賞し出世作となった。

「芥川賞」というのは「直木賞」のまちがいではない。この時代はそういう時代だったともいえるし、むしろ清張文学の基礎は芥川賞的なものだという見方もできるだろう。

それは読者自身が読んで判断すべきことかもしれない。

炭鉱関係の労働者あるいは人力車夫と文学、最も結びつきにくそうなものが、ここでは結び合っている。

これは日本全国を見渡しても、極めてまれな現象である。この秘密は一体何だろうか?

そういえば、この地区は、これは福岡県全体にもいえることだが、公営ギャンブルの開催が多い。競輪、競馬、競艇、オートレースと何でもござれの聖地でもあり、特に小倉競輪祭は全国的なイベントでもある。

ギャンブラーと文学というのも、結びつきそうなテーマであるものの、日本ではむしろ珍しいといえるのではないか。

実は、豊前国一の宮（その国の第一の神社）は大分県にある。全国八幡宮の総本社である宇佐神宮だ。宇佐は昔から伊勢に次ぐ皇室第二の宗廟《みたまや》（先祖の霊を祀《まつ》る場所）といわれている。私は、天皇家には「先祖が九州から来た」という伝説のあること、この宇佐神宮の御祭神が「女神」中心であることから、ここごこそ大和朝廷の発生地ではないかと考えている。

ちなみに邪馬台国の女王卑弥呼の後継者は、「トヨ」とも呼ばれるが「豊前・豊後」はそもそも「豊《トヨ》の国」である。このあたり、詳しく書きたいところだが、それは本稿のテーマではない（詳しくは拙著『逆説の日本史　第1巻』参照）。

一つだけいっておけば、この地は古来、文化の存在した地であり、それだからこそ、一見結びつきそうもない要素が結びつくのだ、ということだ。「がさつ」に見えるが、「繊細」であること、これこそ豊前人の典型かもしれない。

豊後国

豊後国《ぶんごのくに》は、現在の大分県の北部の一部を除いた、県内の大部分にあたる。

昔は、豊前国（福岡県東部）と一つで「豊《とよ》の国」と称した。7世紀頃「前」と「後」に分けられたらしい。

豊後国は、大和朝廷が各国に命じて作成させた『風土記《ふどき》』が現存する5か国のうちの一つである。ただし、欠落した部分が多く、後世の偽作説もある。

その風土記に記載されている国名の由来だが、景行天皇の御世にこの地を治めていた地方官が「白鳥が飛来し餅《もち》と化し、それが里芋に変わってたくさん実った」と報告したところ、天皇が大変に喜び、この地を「豊国（とよのくに）」と名付けたという。

しかし、私はこれとはまったく別の由来を考えている。

それは、前章でも述べた邪馬台国につながる考え方だ。

邪馬台、今はこれを誰もが「ヤマタイ」と読むが、3世紀当時の中国語の発音（この名は中国の史書に出てくる）では「ヤマド」である。だから私はこれは大和朝廷だったと思うのだ。大和朝廷の王である天皇の先祖は、アマテラスオオミカミという女神である。卑弥呼も女王だ。しかも、この字も「当て字」だから「日御子」すなわち「日の御子」であった可能性もある。

私は邪馬台国の所在については「東遷説」をとっている。最初は九州にあったが、後に大和に進出したという説だ。その理由は簡単で、大和朝廷の神話では「初代神武天皇が九州から東へやってきた」と明確に述べているからだ。逆にいえば卑弥呼の時代は、九州にいてもおかしくないということだ。

ところで、卑弥呼の後継者も女性で「台与」といったと『魏志倭人伝』にある。「トヨ」である。だから、私は「トヨ」に与えられたのが「トヨの国」、つまり「豊の国」ではないかと考えている。

素晴らしい石仏文化を伝える

それはともかく、この地が早くから開けていたことは事実で、それを明確に物語るのが国東《くにさき》半島の仏教文化であろう。

国東半島一帯に分布する仏教寺院を総称して六郷満山《ろくごうまんざん》という。

その中核である両子寺《ふたごじ》は、養老2年（718）に仁聞《にんもん》という僧が開基したと伝えられる。いや、それどころか、この六郷満山のうち二十八か寺は仁聞が1人で開いたというのだ。

両子寺は、江戸時代作と伝えられる石造の仁王像で有名だが、同じく仁聞が開いた富貴寺《ふきじ》は、その阿弥陀堂（大堂と呼ばれる）が国宝であり、中に鎮座する阿弥陀如来像も重要文化財であることで有名だ。また真木大堂《おおどう》と呼ばれる御堂は、阿弥陀如来像をはじめ重要文化財を多数所蔵している。

しかし、国東半島の仏教文化がユニークなのは、こうした木造仏の他に、多数の石仏があるということだ。

石仏というと、一般には小さくて稚拙な像というイメージがあるだろう。だが、この国東半島の石仏群は大きくて、しかも精密に彫刻された見事なもので、他の地方の石仏とは一線を画している。

中でも不動明王と大日如来を岩壁に浮き彫りにした、熊野磨崖《まがい》仏（豊後高田市）はその雄大な作風でよく知られている。

また、同じ豊後国の臼杵《うすき》には、磨崖仏として全国で初めて国宝に指定された石仏群がある。ホキ石仏群（第2群）、堂ケ迫《どうがさこ》石仏群、山王石仏群、古園石仏群で、特に古園石仏群の中尊仏である大日如来は、国宝指定以前は仏頭が落ち、いわば「首」だけが地面に置かれていたので、記憶にある方もいるのではないだろうか。現在は修復され首と胴がつながっている。

とにかくこれらの石仏は、石仏のイメージをまったく変えるほどの優れた作品群なのである。

豊後国には、こういう石造文化がある。

お隣の豊前国にあり、古代から最も重要な神社とされていた宇佐神宮を中心とした山岳信仰と、後に日本に伝来した仏教とが合体する中で、優秀な石資源を生かした石造文化が生まれたらしい。

キリシタン大名、大友宗麟とは？

大和朝廷以後は、鎌倉幕府の成立と共に、関東から大友氏が守護としてこの地に入った。そして大友氏は戦国大名として成長していく。その最盛期の当主が有名な大友宗麟《そうりん》である。

大友宗麟は本名義鎮《よししげ》であり、豊後国府内に生まれた。家督を継ぐと、宗麟は肥後国（熊本県）の菊池氏も滅ぼし、豊後・肥後二か国の当主となった。

宗麟の業績で特筆すべきは、日本にやってきたフランシスコ・ザビエルと会い、その感化でキリスト教に改宗したことだろう。洗礼名ドン・フランシスコとなった宗麟は、スペイン・ポルトガルからの貿易ルートを確保することに成功した。

戦国大名がキリスト教を保護した第一の目的は、既に述べたように貿易ルートの確保にあった。というのは、鉄砲使用のために絶対に必要な火薬（黒色火薬）の原材料である硝石（硝酸カリウム）は、すべて外国からの輸入品であったからだ。彼らと付き合っておかないと、鉄砲の大量使用などできないのである。

そして、だからこそ日本で最初に大砲を作り実戦に使用したのも、大友宗麟であって織田信長ではなかったのだ。

ところが宗麟にとって、キリスト教は「方便《ほうべん》」ではなかったらしい。彼はキリスト教を熱心に信仰するあまり、領内の仏教寺院を破壊するという暴挙に出た。

　このため民心を失い、九州の覇権を決定する「耳川《みみかわ》の合戦」で、島津義久に大敗を喫し、以後家勢が衰えた。

　しかし、幸運もあった。中央の覇者豊臣秀吉が島津と対立したことだ。このこともあって宗麟は次の時代まで生き残った。

　天正10年（1582）、ローマに派遣された日本人少年の使節団は、大友宗麟など、いわゆるキリシタン大名の領民から選ばれた。

　その正使（2名）のうちの一人、伊東マンショは大友宗麟の名代であった。

　こんな縁があったからか、豊後国はもう一人有名なキリシタンを生んでいる。

　国東半島出身のペトロ・カスイ・岐部《きべ》である。

　天正15年（1587）に国東で生まれた彼は、イエズス会入会を志し、当時有馬にあった神学校で学んだ。そのうちに日本でキリスト教が禁止されたので、マカオに渡ったが、そこでは司祭叙任が難しいことを知って、ローマの本部を目指した。

　その途中、エルサレムにも立ち寄ったとされている。もちろん、日本人では初の快挙だ。そしてローマにたどりついた彼は見事司祭となったが、母国に再びキリスト教を伝道するため死を覚悟して日本に戻ってきた。

　そして、捕らえられ処刑された。

　現在、その出身地である国東市岐部には、ペトロ・カスイ・岐部神父記念公園がある。

高野長英らが学んだ全寮制の私塾

江戸時代になると豊後国は松平氏、木下氏、稲葉氏らによる分割統治だったが、天領（幕府直轄地）もあった。

日田《ひた》である。

日田は降水量が多く、林業に適した土地であったが、もう一つこの地を有名にしたのは江戸時代の学者広瀬淡窓《たんそう》が開いた学塾咸宜園《かんぎえん》であろう。

これは全寮制の私塾で、他の大名の藩校とまるで違うのは、身分を問わず誰でも入学できるということだ。それに淡窓自身は漢学者であったが、数学や天文学、それに医学なども自由に教えた。また、女子も入学可能であった。

このため、咸宜（みなよろし＝誰でも入学できるという意味）園は、全国的にも知名度の高い学校となり、各地から入学者が集まった。その門弟は３０００人といわれる。

高野長英や大村益次郎など、幕末の著名人も基礎をここで学んだ人が多い。

また、咸宜園の出身者ではないが、幕末の最後の外国奉行川路聖謨《としあきら》も日田の出身であった。

一方、豊後竹田は「荒城の月」で有名な滝廉太郎が高等小学校時代をすごした土地である。

彼が「荒城の月」の曲想を得たのは、この竹田の岡城の城跡であったという説がある。

作詞の土井晩翠《ばんすい》はまた別の城のことをイメージしていたようだが、とにかく岡城は高い石垣が今でも残る、風景のいい城である。

この竹田は、日露戦争の軍神として有名な、広瀬武夫の生誕地でもある。

広瀬武夫は、当時日本海軍の少佐であった。日本はロシア帝国のアジア側の海の守りである旅順艦隊を、その母港である旅順に追い込んだ。幸い旅順は港の出口が狭かったから、そこに船を沈めてしまえば旅順艦隊は袋のネズミになる。そこで、わざとそこに沈める船（閉塞船）を誘導するのが広瀬少佐の任務であった。

しかし、船をその場に残して撤退しようとすると、部下の杉野兵曹の姿が見あたらない。そこで広瀬は後に小学唱歌にもなったように「船内隈《くま》なく尋ぬる三度《みたび》」したが、どうしても探し出せない、そこであきらめてボートに乗り移ったところを敵の砲弾によって吹き飛ばされ戦死した。

この部下思いで死を恐れない姿が海軍軍人の鑑《かがみ》とされ、一階級特進して「中佐」となり（杉野も兵曹長へ特進）、後に「軍神」となった。

その後、広瀬中佐と杉野兵曹長の銅像が東京の万世橋駅前に建立されたが、敗戦後ＧＨＱ（占領軍総司令部）の命令で撤去され、今はない。

筑前国

筑前国《ちくぜんのくに》、今の福岡県の主要部である。

昔は、筑後国（福岡県南西部）と合わせて、筑紫《つくし》の国であった。日本の中国大陸、朝鮮半島への玄関口でもあった。

その証拠に博多湾の入り口にある志賀島《しかのしま》からは、江戸時代に「漢委奴国王印《かんのわのなのこくおういん》」と印文が刻まれた金印（国宝）が発見されている。

このあたりの「クニ」の王だった人物が、中国の後漢に使者を送り、後漢の光武帝から金印をもらったことは、中国側の記録にある。それがどういう経緯か、志賀島で土中に埋もれていたのである。

また『魏志倭人伝』にも出てくる伊都国《いとこく》は、この筑前国の怡土《いと》郡ではないかといわれている。

ついでながら、同じ「倭人伝」にこの周辺の国家として名が出てくる「好古都国」は、ふつう「こ

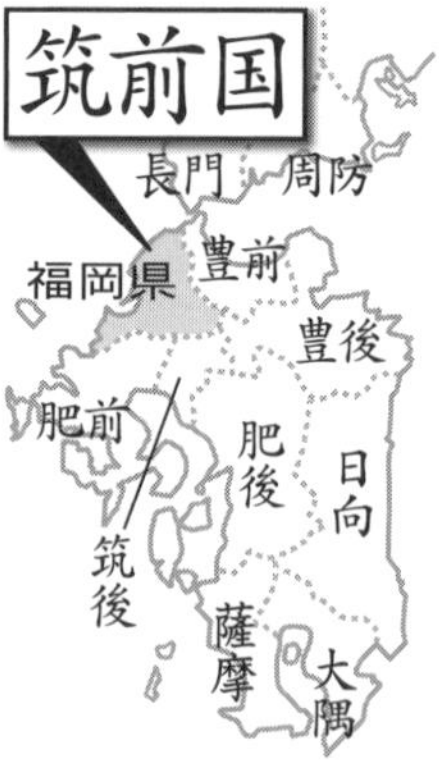

うこと」と読んでいるが、これは「倭人伝」の時代の中国古音（発音）で読むべきで、それだと「ホカタ」（カナでは正確に表記できない）になる。「博多」のことだろう。地名は「言葉の化石」と呼ばれ、何百年たっても変わらないものが多い。

大和朝廷（天皇家）が日本を「統一」したあとも、このあたりは大陸・半島からの先進文化の入る重要地域であった。

「筑紫」といえば、反射的に浮かんでくるのが「筑紫国造磐井《くにのみやつこいわい》」の反乱であろう。6世紀前半に起こったこの事件は、国造つまり天皇家に服属していた豪族の長が起こした「反乱」ということになっているが、実際は九州政権の王と大和朝廷の対決だったかもしれない。

というのは八女《やめ》市（筑後国）にある磐井の墓とされる岩戸山古墳は、全長135メートルの大きさを誇る前方後円墳で、しかも畿内には例を見ない石人、石馬がある。これを見ると「九州王国」というのも、決して有り得ないことではないと思える。

ちなみに筑紫国が筑前と筑後に二分されたのも、ひょっとして「磐井王国」を分割して統治しようという、大和朝廷の政策だったかもしれない。

博多沿岸部に上陸してきた元寇

その大陸との交通を確保するために、大和朝廷はここに大宰府《だざいふ》を置いた。大宰府は、交通も通信も不便だった時代の、いわば外務省分局である。ここの長官（帥《そち》）は皇族が任命されることになっていた。

後に名誉職となって皇族は現地には赴任せず、三等官である大宰大弐《だいに》や四等官の大宰小弐《しょうに》が、実質的に仕切るようになった。平安期の菅原道真は、藤原氏に陥れられた時は右大臣から大宰権帥《ごんのそち》（副長官）に降格された形で流罪となったのも、そうした伝統があったからだろう。

この大宰府には「鴻臚館《こうろかん》」と呼ばれた、いわゆる迎賓館があった。ただ、最近の研究によると、この建物は貿易のため、つまり商館としても使われていたらしい。

しかし、他ならぬ菅原道真が遣唐使の廃止を建白した寛平6年（894）ため、大陸との使節のやり取りはなくなった。しかし、私貿易の形で交流は続けられていたのは間違いない。

たとえば、鎌倉新仏教の担い手である栄西や道元は、大陸に渡って勉学している。当時、中国は宋だった。後に生まれる大伝奇ロマン『水滸伝《すいこでん》』は、この時代の宋が舞台となっている。

その宋を滅ぼしたのが、モンゴル草原から大英雄チンギス・ハーン（ジンギスカン）によって生まれた「元」であった。元は陸続きの高麗《こうらい》をも征服し、ついにフビライ・ハーンの時に日本に攻めてきた。

いわゆる元寇《げんこう》である。

この時の日本は鎌倉時代で、武士の世の中になっていた。それが幸いした。強大な元に対し、こちらも鎌倉幕府の精兵が立ち向かった。

その現地司令官だったのが、大宰小弐を代々務め、武藤から小弐に改姓した小弐景資《かげすけ》であった。

肥後の御家人《けにん》竹崎季長《すえなが》が、この戦いを記念するために描かせた「蒙古襲来絵詞《えことば》」の中に、奮戦する季長自身の他に総大将として景資が出てくる。

この時、いわゆる「神風」が吹いて元の軍船が沈み、元軍が壊滅したのは事実だ。元側の記録にもそうある。しかし、なぜ元兵が地面の上で宿営せず、そろいもそろって軍船に戻っていたかといえば、季長ら鎌倉武士の奮戦があったからだ。

日本が元を撃退できた最大の理由は、元軍の最強部隊である騎兵集団が日本では使えなかったことだ。

理由は簡単で、10万の騎兵を運用するには、少なくとも30万頭の馬が必要だが、陸続きならいざ知らず昔は海の上で大量の馬を輸送する技術がない。馬というのは大変にデリケートな動物で、陸上ならば乗って移動できるが、海の上を運ぶのは極めて困難だ。

一方、日本は迎え撃つ立場だから、いくらでも騎兵を運用できた。鎌倉武士というのは基本的に騎馬武者すなわち騎兵だ。敵は騎兵を使えず、味方はいくらでも使える。だから勝てたのである。

鉄砲を活用するのに必要な条件

時代は下って戦国時代、このあたりは大内氏の領土だった。大内は対外貿易を独占し、「日本国王」と名乗って中国とも貿易していた。

戦国時代突入のきっかけとなる応仁の乱（１４６７～７７）によって、京都は焼け野原になってしまったので、この時代、日本で最もにぎやかな都市は、大内氏の本拠である山口であった。

フランシスコ・ザビエルがきたときも都は荒廃しており、山口の方で熱心に布教している。

中国はその頃、元から明に代わっていたが、その明で画法を学び帰国した後は、山口に住んだのが有名な雪舟である。しかし、山口は港町ではないから、たぶん雪舟も当時大内領だった博多から船出していったのだろう。

その大内氏が義隆の時に、陶晴賢《すえはるかた》の反乱によって滅ぼされる。それを滅ぼしたのが毛利元就《もとなり》であった。元就は結局大内領を手に入れ、筑前も毛利領となった。

鉄砲という新兵器が、戦国を終わらせたことはよく知られている。しかし、意外に知られていないのが鉄砲を使用するために絶対に必要な黒色火薬、その原料である硝石（硝酸カリウム）が全部南蛮（スペイン・ポルトガル）からの輸入品だったことだ。つまり、海外貿易のルートがないと、鉄砲や火薬はふんだんに使えないのである。

この時代、毛利配下の村上水軍は日本最強だったが、その秘密は焙烙火矢《ほうろくひや》という火薬を使った焼夷弾《しょういだん》にあった。木造の帆船がこれを食らうと、たちまち大火災を起こして沈没してしまう。織田信長配下の九鬼水軍は一度これに大敗し、そのことが「燃えない船」鉄甲船の開発につながったのである。

ともあれ、村上水軍がこんな兵器を駆使していたのも、毛利領に筑前国が含まれていたからだろう。筑前国と海の向こうの交流を語るに、忘れてはならない存在は、この国最大の神社の一つである宗像《むなかた》大社（２０１７年世界文化遺産登録）だ。

これは天照大神の３人の娘を祀った神社で、玄界灘の孤島である沖ノ島、陸に近い大島、そして内陸と３つの社がある。特に沖ノ島は聖なる島として渡航が制限されており、調査の結果古代の鏡など様々な遺物が発見された。「海の正倉院」という異名もある。

さて、中世には衰えていたこの神社を復興したのが、元就の子小早川隆景であった。毛利家は結局豊臣秀吉に屈服するわけだが、その毛利一族の中でいちはやく秀吉への服従を決めた隆景が、領土面では最も優遇されており、この筑前の領有を許されたのである。

元寇とは逆に、こちらから攻めていった秀吉の唐入《からい》り（朝鮮出兵）は、みじめな失敗に終わったが、その基地として使われたのは博多ではなく、隣の肥前国名護屋《なごや》だった。それはこの地方の人間にとっては、ほっとすることだったかもしれない。

例の『新人国記』には、筑前国の人間を「勇も一応は勤《つと》むれども、飾る風ゆゑ、終《つい》に何事も成就せず。但し九州に珍しき花奢《きゃしゃ》の国なり。酒色を好む人多し」とある。

他の九州人のように、質実剛健ではないというのだ。これも昔から海外との交流が盛んで商人も多く、朴訥《ぼくとつ》一本槍ではいかなかった、ということなのだろう。

「黒田節」で知られる城下町福岡

豊臣秀吉が死に関ヶ原の戦いが起こると、福島正則ら豊臣恩顧《おんこ》の大名を舌先三寸で徳川に味方させた、黒田長政がこの地を中心として五十万石を領有するようになる。

意気揚々と入部した長政は、博多の近くに城下町を築き「福岡」と名付けた。黒田氏の故郷が備前国福岡だったからだ。しかし「博多っ子」はこれに反抗し、福岡の名を受け入れなかった。だから今でも、福岡県福岡市のＪＲのターミナル駅は博多駅であって福岡駅ではない。しかし、これ以後、筑前といえば黒田というイメージが確立したのも事実である。

その典型的な例が、博多人形の題材にもなっている「黒田節」であろう。

「飲め飲め酒を　飲み込みて　日《ひ》の本一《もといち》のその槍を　取りこすほどに飲むならば　これぞまことの黒田武士」という歌詞はあまりにも有名だが、これはもともと「筑前今様《いまよう》」と呼ばれていた。

この歌詞は、かつて黒田の名臣だった母里《もり》太兵衛が、福島正則が秀吉からもらった無類の名槍「日本号」を、酒の呑み比べで正則から「飲み取った」ことに由来している。当初の題はあくまで「黒田武士」であったが、昭和に入ってからＮＨＫがこれを全国放送するにあたって「黒田節」とつけたのが、定着したのである。

黒田武士で有名な人は何人もいるが、ここで忘れられた一人を挙げておこう。月形洗蔵である。土佐の武市半平太とともに行友李風《ゆきともりふう》作の「月形半平太」のモデルでもあるこの人物は、勤皇の志士として初めて薩長同盟を策した男でもある。

ところが、福岡藩黒田家はバリバリの佐幕派だったため、捕えられ無惨にも処刑された。その遺志を土佐の坂本龍馬・中岡慎太郎が継いだのである。

筑後国

福岡県は、筑前と筑後と豊前の一部で成っている。だから筑後国《ちくごのくに》は福岡県の南西部にあたる。

古くは、筑前と筑後は一つであって、筑紫といった。

東は豊後（大分）、西は肥前（佐賀）、南は肥後（熊本）に接している。もちろん北側は筑前（福岡中央部）だ。

昔から、かなり豊かな土地だったらしい。

その秘密は筑後川にある。阿蘇と久住《くじゅう》山付近に源流をもち筑紫平野を蛇行して有明海に注ぐ筑後川は、全長143キロメートルもある九州最長の大河であるが、しばしば氾濫《はんらん》を起こした。

歴史家ヘロドトスが著書『歴史』に記したように「エジプトはナイル（川）の賜物《たまもの》」である。

この意味は巨大な川が氾濫することによって、上流から運んできた肥沃《ひよく》な土をバラまき、その結果、農業生産高が飛躍的に向上して文明が発達したということだが、スケールの違いこそあれ、筑紫

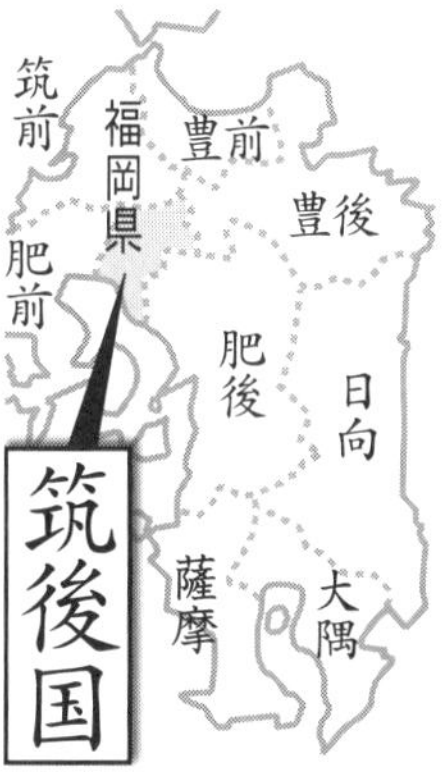

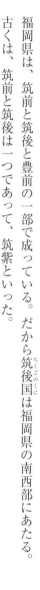

平野でも同じことが起こった。食糧に不自由しないということは、労力を農業以外の分野に割けるということで、それが文化の発達につながるのである。

筑後と筑前で評価が違う人国記

古代における筑後の豊かさを暗示するものは、一連の装飾古墳群であろう。

壁画のある古墳といえば、大和国（奈良県）の高松塚やキトラ古墳が有名だが、このあたりの古墳壁画は、あのような官人、官女や動物を描いたものとはまったく違う。

丸や三角といった幾何学《きかがく》模様であり（塚花塚古墳等）、極めて抽象化された、まるでピカソの絵を連想させるような画（珍敷塚《めずらしづか》古墳等）がその特徴だ。

壁画（のある）古墳といえば、今でこそ珍しくないような感覚があるが、実は高松塚の発見があれほど大騒ぎになったのも、天皇陵（とされる）古墳ですら、壁画を描いたものはなかったからだ。ただ天皇陵はいまだに宮内庁によって封印され、宮内庁の指定を免れたもので明らかに天皇陵と考えられるもの、についてしか内部の様子がわからないので明言はできないが、大和では極めて稀だということは確実にいえる。ところが、この筑後だけは、大和とはまったく違う系統ながら、壁画古墳が多数あるのだ。

これはどう考えても、早くからこの地方に大和とはまったく違う「文明」が栄えていたということだろう。

その傍証となるのが、岩戸山古墳である。135メートルもある前方後円墳で、もちろん九州最大だ。この古墳は、筑紫国造磐井《くにのみやつこいわい》の墓なのである。

磐井のことは「筑紫君《つくしのきみ》」とも呼ぶが、6世紀前半の527年、大和朝廷に反乱を起こし、中央から派遣された物部麁鹿火《あらかび》に鎮圧されたと中央の史書には記録してある。

「反乱」というのは通常「異民族」が「他民族」に征服された時に起こる。それが古代における歴史の法則だ。磐井はこれほど巨大な古墳を築けるほどの実力者だったのだから、間違いなくこの地方（筑紫）の王《きみ》だったのである。大和朝廷はこうした「王」たちを従属させ「大王《おおきみ》」となったわけだが、その支配に対する最後の反乱が、この磐井の乱なのであろう。

筑後国一の宮である高良《こうら》大社（祭神・高良玉垂命《こうらたまたれのみこと》）は、筑紫平野を見おろす高良山の山上にあるが、このあたりが磐井と官軍の戦いの最後の舞台であった。

例によって、中世の書物『人国記』および江戸時代の『新人国記』を見ると、同じ筑紫であっても、筑前の方は「大底《たいてい》飾り多くして、人々各々の心なり。勇も一応は勤むれども、飾る風ゆゑ、終に何事も成就せず。但し九州に珍しき花奢《きゃしゃ》の国なり（大方は虚栄心が強くて人々の心はバラバラである。勇気も一応はあるように見えるが結局見せかけなので、何事も成し遂げられない。九州には珍しい外見重視の国である）」と、あまり褒めていないが、筑後の方は「筑前に替り、実儀なる者十人に八人かくの如し。常に義理を談じ得失を沙汰し、費《ついえ》を慎んで、言語に飾ること猶以て鮮《すくな》し（筑前と違って内実を重視する者が十人中八人である。常に物事の道理と得失を論じ、無駄な出費は避け見栄を張ることもない」と好意的な評価をしている。

ただし、一般民衆については「鉄に非《あら》ずして石の如し」という面白いたとえで評している。これはつまり「団結心が固くない」という意味なのだが、石が鉄より軟らかいからではない。鉄は溶ければ一体となって固まるが、石は一度割れれば二度と一体となることはない。それをもって「石の如し」といっているのである。割と執念深くて過去にこだわり、一度袂を分かつと元の鞘《さや》にはおさまらないという意味のようだが、詳しくはわからない。

目まぐるしく変わる国内情勢

中世の筑後は大友氏、菊池氏などが守護大名となった。大友氏は戦国大名となった大友宗麟の時最盛期を迎え、北九州6か国を領有したが、本拠は豊前なので筑後とはかかわりは薄い。

その大友氏は耳川の合戦で薩摩の島津氏に敗れたが、まさに島津が全九州を統一しかけた時に、中央では豊臣秀吉が信長の継続者として名乗りを挙げ、「中国王」として君臨していた毛利家までも従属させたため、その力が九州にまで及んできた。

宗麟は秀吉を頼り、秀吉も島津との対決姿勢を打ち出した。

結果は、島津は再び南九州の2か国（薩摩・大隅）に押し込められ、このあたりは毛利元就の三男の小早川隆景ら5人の大名の分割統治となった。

ところが関ヶ原の戦いでは、この5人の大名がそろいもそろって西軍（石田三成方）についたため、戦後は徳川政権の手によってすべて改易《かいえき》（取り潰し）され、筑後一国は近江出身の武将田中吉政の領地となった。石高は三十万石余で吉政は主城を柳河（柳川）に置いた。

ところが、この田中家も吉政の孫の代に後継ぎが絶え、いわゆる無嗣《むし》絶家として取りつぶされたので、今度は筑後は二つに分割され、久留米を中心とした二十一万石は有馬豊氏（丹波国福知山から転封）、柳河を中心とした十一万石は立花宗茂に与えられた。

この立花宗茂、江戸時代の歴史の中で他に類例をみない「奇跡のカムバック」をなしとげた男である。

実は、関ヶ原で西軍に味方し、改易された5人の大名の中に宗茂は入っていたのだ。それなのに戦後、特別の恩典をもって一万石を奥州棚倉に与えられた。この奥州棚倉という地は、極めて実りの少ない不毛の地であって、ここでの一万石というのはかろうじて大名としての格式を保つだけの名目のようなものであった。宗茂は、十万石の大名から一万石へ大幅格下げされたのである。

最も領地を減らされた大名は毛利氏で、当主毛利輝元が西軍の名目上の大将にかつぎ上げられたため、家康はこれを取り潰すつもりだった。

しかし、分家吉川家の当主で関ヶ原の勝利を確定づけた広家が必死に嘆願したため、百三十万石の領地を防長2か国（長門と周防）三十六万石に減らされて、ようやく家の存続を許された。

毛利家や他に大幅に減封された上杉家、佐竹家も江戸時代を通じて、元の領土を回復することはできなかった。ひとり立花宗茂だけが、関ヶ原の20年後に旧領を完全に回復したのである。

北原白秋の故郷でもある柳川市

一体、それはなぜか？

今でこそそれほど有名ではないが、実は立花宗茂という武将は、戦国の数ある武将の中で「男の中の男」として誰もが認める存在であったのだ。

メジャーリーグのオールスターにはファン投票と並んで、選手同士が最も優秀な選手を選ぶという投票があるが、もし、戦国武将同士でそれをやったら、この宗茂が第一位に選ばれたであろう。

では、なぜそれほど人気があったのか。

一つは武勇である。豊臣秀吉の「唐入り」いわゆる朝鮮出兵は不毛の戦いではあったが、外国軍と戦うことによって、日本の戦国武将の中で誰が一番強いか明らかになった戦いでもあった。

この戦いには、関東勢はほとんど参加していないものの、日本軍の中で最も恐れられたのは九州勢であった。それも加藤清正や小西行長のような、外からきた大名ではなく、九州の地元勢である。その中で最も恐れられたのが、島津と立花であった。碧蹄《へきてい》館の戦いでは、小勢で明の李如松《りじょしょう》率いる大軍を撃破した。

しかし、多くの武将が宗茂を尊敬するようになったのは、その後である。結局、日本軍は朝鮮の名将李舜臣《りしゅんしん》によって海上補給路を絶たれ、まさに逃げ帰る形で現地を去ろうとした。

その時、我先に帰国の船に乗ろうとする武将たちを「まだ残っている者がいるではないか」とたしなめ、全兵が引き上げるまでは帰るつもりはない、と宣言したのが宗茂だった。臆病風にとりつかれていた諸将は、はっと良心に目覚め、自分のことしか考えていなかったことを恥じた。

これほど義と勇に富んだ人間を野に置くのは惜しいと、家康・秀忠は思ったのである。西軍に味方したのも、大恩ある豊臣家に恩返しするためだと考えれば腹も立たない。むしろ徳川政権のために召し出して新たな「恩」を与えた方がいいという判断であろう。しかしこれほどの大名に帰り咲いたのは宗茂しかいない。

その城下町柳河は、水郷の町として有名だが、詩人北原白秋の故郷でもある。

山門は我が産土《うぶすな》
雲騰る南風のまほら
飛ばまし今一度《ひとたび》

この「帰去来」は故郷を思う絶唱として有名である。

肥前国①

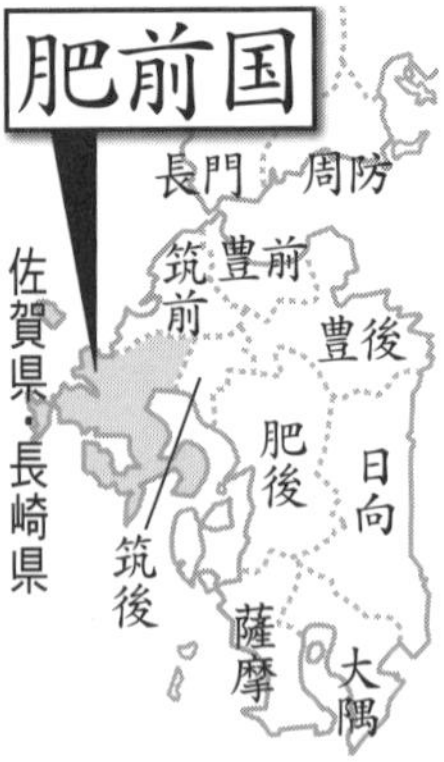

肥前国《ひぜんのくに》は、現在の佐賀県と長崎県（壱岐《いき》、対馬《つしま》を除く）にあたる。今回は「前編」として、東半分の佐賀県部分を取り上げることにする。

佐賀といえば、歌手の「はなわ」が取り上げたこともあって、その田舎ぶり（失礼！）が有名になったが、古代に遡《さかのぼ》れば、むしろ佐賀こそ日本の中心だったかもしれないのである。

それはまさに、この日本という国の成り立ちに深くかかわっていたと思われる「クニ」の跡、つまり吉野ヶ里《よしのがり》遺跡があるからだ。

吉野ヶ里遺跡はパンフレットによれば、〈吉野ヶ里遺跡は、脊振山《せふりさん》南麓から佐賀平野に向かって細長く伸びた段丘上にあります。この段丘は、長さ約4・5キロメートル、幅約600メートル、標高およそ7～20メートルで、この尾根線上を佐賀県神埼《かんざき》市、吉野ヶ里町の境界線が走っています。

この遺跡は、昭和61年（1986）からの工業団地開発に伴う埋蔵文化財発掘調査の成果などから、弥生時代（紀元前3世紀から紀元3世紀ごろ）の約600年という長い時間を通じて小さなムラが大陸の文化を取り入れ、やがてクニの中心集落へと発展する過程を教えてくれる極めて学術的価値の高い遺跡であることがわかりました。

なかでも弥生時代後期の環濠集落跡は我が国でも最大規模のものであり、中国の史書「魏志倭人伝」に記された邪馬台国の様子を彷彿とさせるものとして、全国的に注目を集め、平成3年5月には国の特別史跡に指定されています。〉

ご存じのように、3世紀にあった邪馬台国の所在については九州説と大和説が対立している。最近は大和説が有力なようだが、実は一時は九州説がまったくふるわない時期があった。

それは、大和（奈良県周辺）からは弥生時代の大集落跡がいくつも発見されているのに、九州にはそれが一つもなかったからだ。ところが、この「世紀の大発見」によって九州説が俄然注目されるようになった。

ただし、これが邪馬台国かというと、そうではないようだ。時代が若干ずれているという話もある。いずれにせよ、2世紀から3世紀にかけての日本の国家形成を考える、極めて重要な手がかりであることは間違いない。

吉野ヶ里が訪れる人にとって「嬉しい」のは、単なる遺跡ではなく、体験学習の場であり、古代国家のテーマパークでもあることだ。古代の建物が見事に復元されている中で、古代風のコスチュームをつけた係員が、勾玉《まがたま》の作り方や火の起こし方を実際に指導してくれる。ここでは材料費として数百円程度しか取られない。子供たちにとっては大きな思い出になるだろう。

現地ではさらなる発掘を経て、歴史公園としてさらに内容を充実させるということである。

吉野ヶ里と邪馬台国との関係

しかし、この吉野ヶ里、これほどの規模をもつ国でありながら、これまでなぜ歴史の闇の中に埋もれていたのだろう?

ひょっとしたら、それは現在も続く佐賀県の「影の薄さ」と関係あるのかもしれない。この「吉野ヶ里王国」は、『古事記』や『日本書紀』などの神話にもそれらしい姿は見せないし、伝承として語り継がれてきたわけでもない。

「王の墓」である墳丘墓(自然の丘を削り形を整えて墓としたもの。平地にゼロから築く古墳とそこが違う。古墳よりは古い形式)もミカン山になっていたのだ。

ということは、つまりこの「クニ」は大和朝廷と日本の覇権を争った一つであって、「敗者」の側に入ってしまったのではないか。もし「勝者」の故郷だったら、1000年以上も忘れ去られることはなかったのではないか。ここには神社すら大きなものはないのである。

その大和朝廷の「先祖話」では、「先祖は九州から来た」ということになっており、その「時代」のものといわれる古墳も(これは少し怪しいが)、祖先神の霊を祀った社もあちこちにある。大分県の宇佐神宮が代表的なものだ。

「佐賀」は、日本の覇権を目指す「九州地区予選」で熊本のクマソなどと共に敗北し、そのために吉野ヶ里は「幻のクニ」になったとすればツジツマは合うのだが――。

閉ざされた歴史の中で発達した磁器

とにかく、古代の栄光以後、佐賀地方が雌伏の時期に入ったことは確かである。元寇の時も南北朝の紛争も、佐賀にはあまり縁がなかった。

再び佐賀が脚光を浴びるのは、戦国時代、「肥前の熊」と恐れられた龍造寺隆信が出現してからであろう。隆信は一時、北九州王といえるほどの威勢を示したが、合戦で島津氏に敗れた。しかし、もともと龍造寺家の家老だった鍋島直茂が主家を乗っ取り、皮肉なことにそのことで佐賀の面目は保たれた。島津の侵入を許さなかったからである。こうして大名にのし上がった鍋島家は、日本思想史上極めて特異な書物を生むことになる。

『葉隠《はがくれ》』というのがそれで、後に「武士道の聖典」として崇《あが》められるに至った。「武士道というは死ぬことと見つけたり」という有名な文句は、この『葉隠』のものである。これは武士はいつも死を恐れぬ覚悟で事に当たらねばならず、その心得を片時も忘れてはならないということだ。その苛烈《かれつ》な思想が「武士道の聖典」として崇められた理由だが、これには異論もある。それは後に触れよう。

この影響もあるのか、江戸時代の佐賀藩鍋島家は「二重鎖国」と呼ばれる特異な制度をとっていた。日本国全体が外国に対して国を閉ざしていたのだが、その中で佐賀藩は国内に対しても「国」

を閉ざしていたのだ。

それでも参勤交代をしなければならないので、今の北朝鮮のように外の事情を何も知らないということはなかったのだが、藩士が江戸に「留学」することすら容易ではなかった。町人もまた同じだ。

こうした厳重な統制の中、佐賀藩内では磁器が大きな発達を遂げた。有田焼、伊万里焼がそれである。

陶磁器などとひと口にいうが、本来は違うものだ。簡単な区別を述べると、まず粘土をこねて成形し焼き上げたものを「土器」という。これはいわゆる「素焼き」であって、吸水性がある。つまり水が漏れる。

この土器に、溶けるとガラス質になる釉薬《うわぐすり》を塗ったものが陶器である。それでも若干の吸水性は残る。

これに対し、粘土を吟味し焼成温度も高くすることによって、生地《きじ》自体をガラス質にしたもの(もちろん釉薬は使う)を磁器という。これは中国人の発明である。そのため磁器のことを英語でchina(チャイナ)という。頭を大文字で書けば中国という国名となり、小文字で書けば磁器となる。ちなみにjapan(ジャパン)と小文字で書けば漆器の意味になる。

日本で初めて磁器が発達したのが、この佐賀の地であった。やはり同じ肥前国のうちである長崎が海外との窓口になっていたのが大きい。

「柿右衛門の赤」で世界に知られ、ヨーロッパにも輸出されることによってマイセン磁器などにも模倣された佐賀の磁器は、有田町にある佐賀県立の九州陶磁文化館に多数展示されている。また、これと一緒に、定期的に開催されている有田や伊万里の「やきもの市」を訪ねるのも悪くない趣向だ。

近くには宮本武蔵も宿泊した武雄温泉や『肥前風土記』にも登場する嬉野温泉もある。温泉の「ニセモノ」が話題になったが、古くからの名湯で、旅館も「元湯（源泉）」などいう看板を出している老舗の宿を選ぶのがホンモノを選ぶコツである。

近代化に力を注いだ幕末の鍋島

さて、明治維新の原動力となった雄藩のことを「薩長土肥」というのは薩摩、長州、土佐まではよくご存じだろうが「肥」がいまいちピンとこないのではないだろうか。「肥」とはまさに肥前佐賀藩のことなのである。

しかし、幕末の京都で活躍している佐賀藩士は実はいない。有名な宮部鼎蔵《ていぞう》は肥後浪士である。佐賀藩は幕末の四賢侯《しけんこう》の一人といわれる藩主鍋島閑叟《かんそう》の指導によって、倒幕活動には一切参加していなかった。「葉隠嫌い」の藩士大隈重信が口を酸《す》っぱくして説いても閑叟は動こうとしなかった。

愚かだったのではない、遅れていたのでもない。それどころか佐賀藩は日本一の近代化された軍隊をもつ、明治維新を先取りした藩だったのである。実は黒船はひと足先に佐賀藩にきていた。

ペリーより45年も前の文化五年（1808）、イギリス軍艦フェートン号が長崎湾内に侵入し散々無法を働いた。しかし、日本側はなす術もなくフェートン号を見逃すしかなかった。この時、長崎警備を担当していたのが佐賀藩で、佐賀藩はその不甲斐なさを幕府に叱責された。

そこで今にみていろとばかり、藩政の大改革に乗り出し、ひと足先に近代化を達成したのが閑叟だったのだ。閑叟も大隈重信も『葉隠』は信じていなかった。『葉隠』はよく読むと「鍋島絶対主義」であって、普遍性がないし、人を型にはめて異論を許さないところがある。

大隈重信がこの教育に反抗し「学問の自由」にこだわって創立したのが早稲田大学だ。逆説的にいえば『葉隠』は早稲田大学の生みの親かもしれない。

その「孤立主義」の肥前佐賀藩が、最後の最後で倒幕に参加したのも、閑叟の決断によるものだ。勝海舟と西郷隆盛のトップ会談で江戸城無血開城が決まった慶応4年（1868）、この年のうちに明治と改元される年の7月、前将軍徳川慶喜の恭順路線に反撥した旗本は彰義隊を結成し、上野の山にこもって反旗を翻《ひるがえ》した。

しかし、彰義隊はたった一日で官軍の総攻撃によって壊滅した。なぜ彰義隊は呆気なくやられてしまったのか？　それは日本国内において佐賀藩だけが所持し、ヨーロッパでも開発されたばかりの新兵器アームストロング砲が、彰義隊を文字通り「吹き飛ばした」からである。

アームストロング砲はそれまでの大砲に比べて破壊力、命中精度、射程距離がケタ違いのもので、会津若松城もこのアームストロング砲によって落城に追い込まれたのである。

ところで、平成16年（2004）、佐賀藩の本城である佐賀城跡に、かつての本丸御殿が復元された。内部は歴史博物館となっており、様々な展示によって佐賀藩の歴史を楽しむことができる。吉野ヶ里などと合わせて佐賀を訪れる楽しみが、また一つ増えたといえよう。

肥前国②

肥前国の奥行きの深さは、どちらかというと内にこもった内陸の国（佐賀平野）という印象と、外に向かって開かれた港のイメージ（長崎、唐津、平戸）の二つがあるということだろう。現在の都道府県は、旧国が二つ以上合わさったところが多い。たとえば愛知県（尾張国と三河国）、静岡県（駿河国と遠江国と伊豆国）などが典型だが、肥前国は逆に県になる時に佐賀県と長崎県（の一部）に分かれているのである。肥前国のもつ「奥行き」というのはこういうところに現れているのである。

さて、この「外向き」の肥前の歴史は外国との交流史でもある。「唐津」という名が示すように、古くは中国大陸、朝鮮半島との交流がこの地を中心に行われた。ひょっとして邪馬台国（＝大和朝廷）も、この肥前と深い関りがあったかもしれないと、前回で触れたが、その根拠の一つが大陸とつながるこのルートである。

日本の古代国家は明らかに、大陸・半島との深いつながりをもっていた。その「つながり」が具体的な「線」として確認できるのが、この地勢である。

この国に属する五島列島が中世倭寇《わこう》の最大の根拠地であったことも、「くんち」と呼ばれる中国風の祭が、長崎だけでなく唐津でも連綿と行われていることも、古代から近代にかけてこの地が東アジアへの玄関だったことを示すものである。

倭寇と鉄砲伝来のかかわり

ところで、ここで「倭寇」というものに対する大方の日本人の誤解を解いておきたい。倭寇というと単純に「日本人の海賊」と思っている人が多いからだ。

時代でいうと13世紀から14世紀後半（これを「前期倭寇」と呼ぶ人もいる）は確かに日本人を主体とした海賊が、朝鮮半島沿岸を中心に荒し回った。しかし、16世紀以降（いわゆる後期倭寇）は違う。これは中国の当時の文献にも書かれていることだが、そのほとんどが中国人（明人）であった。

なぜそうかといえば、遊牧民族の王朝である元を倒した明は、商業に対する蔑視感覚が強く、特に海外貿易を一切禁止したからである。したがって普通の時代ならまともな「貿易商人」と呼ばれる人々が、ことごとく非合法の「海賊」になってしまった。

これを便宜上「倭寇」と呼んでいるのだ。

この「後期倭寇」の中で、最も大物は王直《おうちょく》という男だ。王直はまさに海賊団の大ボスであり、「五峯《ごほう》」と号した。

五峯とは「五つの峰」で、ここで海中から飛び出した部分、つまり「五島」であり、なぜ「五島」と号したかといえば、日本の松浦氏などの大名の了解のもとに、五島列島に本拠を置いていたからなのである。

そしてこの五峯こと王直は、東アジア史だけでなく日本史の重要人物でもあるのだ。日本の種子島に「ポルトガル船が漂着し鉄砲を伝えた」と昔は教えていたが、正しくは「中国船に乗ってきたポルトガル人」によって伝えられたのである。その時、ポルトガル人と日本人の「通訳」を買って出た中国人の名を覚えておいでだろうか？　五峯である。

大隅国の項で詳述するが、実はあの船は五峯の持ち船であり、私は「鉄砲伝来」とは偶然ではなく、最初から五峯の「プロデュース」によるものだと考えている。とにかく、日本（五島）在住の中国人海賊が鉄砲伝来にかかわっていることだけは、誰もが認めざるを得ない真実である。

この鉄砲伝来以来、九州はヨーロッパの国々との、正確にいえばアジアにあるヨーロッパ勢力の植民地（ルソン、マカオ）と交易の場となった。何度も述べたように鉄砲自体はすぐに国産化できたが、火薬の原料である硝石（煙硝ともいう、硝酸カリウム）は当時、海外からの輸入に頼るしかなかったからだ。

そのために九州の大名は、争ってキリスト教に入信した。キリスト教徒となり宣教師を招いて教会を建てれば、貿易船もやってくるからである。豊後の大友宗麟と並んで、最も有名なキリシタン大名大村純忠《すみただ》と有馬晴信は、この肥前の大名で叔父、甥の関係にある。また３人は、天正10年（１５８２）に４人の少年をローマに送った「天正遣欧使節」でも知られている。

大村純忠は大名として洗礼を受けた初めての人物で、長崎を開港したことでも知られるが、この時代の長崎はまだ繁栄は遠く、むしろ早くから開けた平戸の方が海外貿易の一大中心地であった。

この地に残るキリシタンの歴史

そんな時代が、大きく変わる。

天下の統一者織田信長がキリスト教を保護したのは、結局、大友宗麟らと同じ目的だった。火薬の原料の硝石の入手のためである。しかし、いったん天下が統一されてしまうと、大名各自に自由貿易を許すことは、火薬を容易に準備できるということにもなり、天下の乱を招きかねない。

そこで、信長の後を継いだ豊臣秀吉も徳川家康も、キリスト教は禁止し貿易を自分の手で独占する道を模索した。

彼らがキリスト教を禁止したのは、単純に「火薬入手」の問題だけでなく、その時代の宣教師たちが、スペイン・ポルトガルの侵略の手先と化していたという事情もあった。

この時代のカトリック教徒は、たとえ戦争のような強圧的手段を用いてもキリスト教を広めるのは「正義」だと頑なに思い込んでおり、現に彼らが日本に到達する少し前には、インカ帝国をはじめとする中南米の国々は、ことごとくスペイン・ポルトガルの植民地とされていた。

この時代のキリスト教を、今の常識で見てはならない。

だからこそ秀吉も、宣教師や信者をいっぺんに26人も長崎の丘で処刑する「長崎26聖人殉教事件」という、思い切った措置をとらざるを得なかった。

こうした中、キリシタン大名の運命も過酷なものとなった。あくまで棄教することを拒否した高山右近《うこん》はルソンに追放されたし、有馬晴信は幕府に陥れられ切腹してしまった。

そして有馬家が転封にあった後は、領内のキリシタンを弾圧する目的をもった新領主松倉重政が肥前島原に入部してきた。

重政は、もと大和の筒井定次の家臣であったが、筒井家没落の中で一人うまく立ち回り、大名にのし上がったという男である。

幕府におべっかを使うために、領民を搾《しぼ》り上げてその年貢を江戸城普請用に上納した。もちろんキリシタン厳禁も幕府の方針だから、それに迎合するために徹底的に領民を弾圧した。

理不尽な信仰弾圧と、容赦のない苛斂誅求《かれんちゅうきゅう》に、ついに領民から怒りの火の手が上がった。

島原湾をはさんで対岸の天草地方は肥後国南部にあり、関ヶ原以前は有力なキリシタン大名小西行長の領地であった。関ヶ原で行長は石田三成に味方したため本人は刑死し、家はとり潰されていたが、この地には多くの小西遺臣がいた。

その小西遺臣と百姓一揆が結びついた。小西遺臣の子益田時貞が〝天草四郎〟となって、一揆のシンボルに祭り上げられたからだ。

四郎は美少年で様々な奇跡を起こしたという。ここに至って、肥後天草と肥前島原の一揆勢が合流し、「軍事顧問団」ともいうべき小西遺臣らの指導の下に、廃城となっていた原城に籠《こも》った。島原の乱、寛永14年（1637）である。

この一揆は猛烈に強かった。

天草四郎というカリスマ的指導者の下で、死を恐れぬ集団と化している。しかも籠城した原城は海に突き出した岬の上にあり、三方が断崖という極めて攻めにくい城であった。

これが廃城となったのは、平和な時代の城としては使いにくかったからで、だからこそ戦争にはもってこいなのである。

幕府は初め九州の大名だけで弾圧しようとしたが、総大将の板倉重昌が一揆勢に討ち取られる始末で、今度は12万５０００の大軍で包囲し兵糧攻めをかけてようやく落とした。

江戸期唯一の貿易の窓口「出島」

この島原の乱の「後遺症」は深刻であった。もともと閉鎖的な「三河人」の政権であった徳川幕府は、この乱によって外国と対等に付き合うのが恐ろしくなり、「キリスト教の布教は一切しません。ただ貿易をさせて下さい」と、ライバルのスペインやイギリスを蹴落とすために下手に出てきたオランダだけを相手にするようになった。それもオランダ人を長崎港に新設した人工島「出島」に封じ込め、一般の日本人との接触を一切禁じて、である。

これが鎖国というものだ。

「貿易はしたいが、それ以外の接触はしたくない。文化交流などもってのほか」という、「他所者《よそもの》排除」の病理がそのまま国の祖法《そほう》（先祖の定めた法、転じて絶対に守るべき法）になってしまった。

それから約260年後、黒船（＝近代文明）の脅威に悩まされた日本が、「開国」という道をたどるべきであったのに、「祖法は守るべきだ」と声高に叫んで一切、人の意見に耳を傾けない連中が出た。このあたりは現代の情勢と非常によく似ている。興味のある方は拙著『攘夷と護憲』（徳間書店刊）を読んでいただきたい。もっともこのタイトルを見ただけで、わかる人にはわかるだろうが――。

この長崎の警備を幕府から任せられたのが佐賀藩鍋島家であった。そして鍋島家はペリーより約半世紀早くイギリス軍艦フェートン号に長崎へ侵入されるという屈辱を味わい、その結果、藩の大近代化へと進むことになったのである。

皮肉なことに開国してしまうと、海外への唯一の窓口であった長崎の重要性は薄れ、新しい首都に近い横浜の時代になるが、かつての歴史に果たした重要な役割を忘れるべきではない。

九州はおしなべて男尊女卑だが、このあたりだけは違うというのも海外との付き合いが長かったせいだろう。

ちなみにこの国には雲仙という大火山群もある。江戸時代の寛政4年（1792）、この中の眉山《まゆ》、普賢岳が大爆発し、起こった津波によって1万5000人の犠牲者が出た。「島原大変、肥後迷惑」と呼ばれた大災害である。

そして、その記憶の薄れかけた平成3年（1991）、また普賢岳が大爆発し、多くの被害をもたらしたことは記憶に新しい。

まさに「災害は忘れた頃にやってくる」である。

壱岐国

日本のことを古くは大八洲《おおやしま》（大八洲国《ぐに》）と称した。大きな八つの島ということだ。日本で最も古い史書『古事記』の冒頭には、天からイザナギ、イザナミの二柱の神が混沌《こんとん》とした大地（大海）を矛《ほこ》でかきまぜ、その結果次々と島が生まれたとある。最初は淡路島、次に四国、次に隠岐、そして九州。その次が壱岐《いき》、対馬である。

大和朝廷創立以前のことだから、この「大八島」に北海道が入っていないのは止むを得ないところだが、それほど大きな島でもない壱岐は堂々とベスト5（?）に入っているのだ。現在の日本国の島では壱岐は第20位の大きさでしかなく、面積約１３４平方キロメートルしかないのにもかかわらず、である。

この秘密は、隣の対馬国と同じく中国大陸・朝鮮半島と日本列島の懸橋《かけはし》であったからだろう。

『魏志倭人伝』に記された一大国とは

3世紀の日本にあった「邪馬台国」のことを記したので有名な中国の史書『魏志倭人伝』には、邪馬台国へ至る道程の途中に対馬国の次に一大国（一支国）が登場する。最終目的地の邪馬台国についてては諸説あるが、この一大国が壱岐国であることを否定する学者は一人もいない。

それもそのはず、この壱岐の一角から原《はる》の辻遺跡という「ここが一大国に間違いない」という遺跡が発掘されたのだ。

錯覚している人もいるが、「倭人伝」の道程の国々の中でその「王都」にあたる部分が、発掘調査のうえで確定しているのは、実はこの一大国（壱岐）だけなのである。

この遺跡からはまず、弥生時代中期（紀元前2世紀後半）に築かれた「船着き場跡」が出てきた。長さ10メートルほどの突堤が2本あった。古代のことだから、これは大変な規模である。

遺物も、中国楽浪郡（今の朝鮮半島北部）からきたと思われるツボや、中国本土からの古銭も多数発見された。中でも価値あるのが「大泉五十」という4文字が刻まれた穴あきの銅銭だ。

この銅銭は中国の漢王朝が前漢と後漢《ごかん》に分かれるきっかけとなった、王莽《おうもう》の「新」という王朝が発行した。わずか15年しか保たなかった王朝であるがゆえに、その発行した貨幣は珍しい。それが日本で初めてこの原の辻遺跡で発見された。

また、ここではこれこそ日本唯一の出土例である、車の車軸も見つかっている。もちろん馬車の部品というわけだが、日本ではついに近世まで馬車というものが実用化されなかった。その日本で「車軸」が出土したのだ。

ただし専門家の鑑定によると、実際の車軸にしては小さ過ぎるので、馬車の模型の車軸ではないかという。『魏志倭人伝』には「一大率」と書かれている壱岐の国の王は、ひょっとしたら宮殿で、少年がプラモデルを見るような目で、この「模型」を眺めていたのかもしれない。

この大陸や朝鮮半島との深いつながりは、島内に数多くある古墳でも証明される。壱岐は市町村合併し、現在は長崎県壱岐市だが、島内の双六古墳《そうろくこふん》は県内最大（全長91メートル）を誇るし、古墳の数自体、長崎県全体の約60％を占める。

そして、古墳群は史跡公園（壱岐風土記の丘）として整備公開されており、石室の中に入ることもできる。ちょっとした「ミニ飛鳥《あすか》」である。

貴重な文化財が伝わる神話の国

これだけ古い歴史をもつ島であるがゆえに、壱岐は神話の里でもある。

古くは神功皇后《じんぐうこうごう》の「三韓征伐《さんかんせいばつ》」というエピソードの中で、皇后が皇子（後の応神天皇）を産み生湯《うぶゆ》を使ったのが湯ノ本温泉（旧勝本町）という伝説も残る。

この話は、男まさりの神功皇后が夫の仲哀天皇の突然の死にも負けず、身重のまま海を渡り新羅《しらぎ》を服属させた、というものだが、新羅が日本に勝った（白村江《はくすきえ》の戦い〈663年〉）という記録はあっても、逆に日本が新羅に勝ったという話は『古事記』や『日本書紀』にあるだけだ。

しかし、日本が朝鮮半島に進出していたことは、有名な「広開土王碑」にもある史実だから、モデルになる女性は実在したと私は思っている。

その神功皇后が祀られているのが、島内北端の地にある聖母宮だ。「せいぼぐう」ではなく「しょうもぐう」と読む。ずっと後の話だが、豊臣秀吉が朝鮮を攻める直前の天正20年（1592）、この年の12月から文禄《ぶんろく》年の銘がある唐津《からつ》焼のツボが奉納されている。

聖母宮のご好意で、私はこのツボを実見したが、口が欠けているのが惜しいものの、極めて優れた作品であった。

このツボは実に貴重な「歴史の証人」だ。

というのは、一般的には秀吉の朝鮮出兵によって拉致された朝鮮人陶工が、日本のあらゆる陶磁器の「中興の祖」と信じられているが、少なくとも唐津焼においては、それが真実ではない、ということをこのツボは証明している。日本にも独自の優れた陶芸技術があったということだ。

そして、それだけ古い神話の里であるがゆえに、神に捧げる舞楽である神楽《かぐら》がまとまった形で継承されている。

主に『古事記』や『日本書紀』を題材にした舞で、前述した「国生み神話」や神功皇后・応神天皇も登場する。全番舞う「大大神楽」は舞人・楽人（笛や太鼓など演奏担当）合わせて12人以上で、7～8時間もかかるが、年1回は必ず大大神楽が行われ、他にも様々な祭りで短縮版（大神楽、小神楽）が行われる。

この神楽の特徴の一つに、舞人・楽人とも全員現役の神官でなければいけないというルールがある。それでも今に伝わり、国の重要無形民俗文化財に指定されているのは、神職の皆さんが稽古熱心ということで、つまりは壱岐は信仰の島なのである。

繰り返し解説したように、日本はかつて神仏習合の体制をとっていたから、島には寺も少なくない。

たとえば、壱岐国一の宮である天手長男《あまのたながお》神社の境内からは、日本で3番目に古い仏像といわれる石造の弥勒如来《みろくにょらい》が出土している。このあたりに相当な規模の神宮寺《じんぐうじ》（神社と一体の寺）があったのかもしれない。

また、円光寺の不動明王像は、普段は年2回開帳の秘仏なのだが、ご住職のご好意で特別に拝観させていただいた。古い様式を残した端正な仏像で、現在は県指定だが、いずれ国指定の重要文化財に昇格するだろう。

壱岐には数々の高麗《こうらい》仏もある。別に高麗（朝鮮半島）から盗んできたのではない。朝鮮の王朝は多くは儒教を重んじ、仏教を弾圧した。そのために捨てられ焼かれるはずだった仏像が日本に「避難」してきたというわけである。

壱岐はなぜ長崎県に属しているか

ところで、壱岐の地理的位置は筑前国博多や肥前国北東部（佐賀県）に近いのに、なぜ、長崎県（肥前国南西部）に所属しているのか？

それは元寇と壱岐の自然環境に理由がある。

壱岐は対馬と共に元寇によって多大の犠牲者を出した。２回目の弘安の役（１２８１年）の時、19歳にして奮戦、壮烈な戦死を遂げた少弐資時《しょうにすけとき》をはじめ、多くの戦死者を埋葬した千人塚が島内あちこちにある。

また、これより先の平安時代、刀伊《とい》の入寇（１０１９年）でも、壱岐国司藤原理忠《まさただ》が島を守るために奮戦・戦死している。ちなみに刀伊とはツングース系の女真《じょしん》人で、略奪が目的であった。拉致された女性は２３９人もいたと『小右記《しょうゆうき》』は伝えている。

元寇以後、壱岐の島民の防衛意識は高まり、強力な水軍をもつ肥前国平戸の松浦一族の支配下に入った。この縁で江戸時代も松浦家の支配が続き、明治維新後はその流れで長崎県に所属することになったが、実はこの時に福岡県に入りたいという島民の意向もあった。

というのは、江戸時代の平戸藩松浦家の支配は、島民にとってあまり心地よいものではなかったからだ。それが自然環境の問題である。

壱岐は小さい島で高い山もないのに、極めて豊富な水に恵まれている。玄武岩の岩盤の上にあり、地下水脈が多数あるからだ。神功皇后の昔から温泉があるのも、そのためである。水が豊富で平地が多く気候が温暖とくれば、稲作に適している。つまり米がよくとれるわけだ。

江戸時代は水軍の活動、つまり貿易は幕府に独占されていたから、「丘に上ったカッパ」松浦氏はこの島から徹底的に米を搾取した。あまりにひどいと江戸へ直訴した農民も出たほどだ。

壱岐の島民は、米の収穫のほとんどを平戸へ奪われた。こうした中、思わぬ副産物が生まれた。

壱岐焼酎である。

壱岐焼酎は麦焼酎として日本初のものであり、国際的にもブランドとして認められているが、その始まりは実は米を原料として使えなかったからなのである
もちろん、周辺が海に囲まれているのだから、漁業も盛んでウニ・イカなどは品質の良いものがとれる。

当然、こうした美しい島には強い郷土愛が生まれる。たとえば聖母宮では10月に「ふなぐろ」と呼ばれる祭船のレースがあるのだが、これがカラオケ化されて地元のスナックに置いてあるのだ。カラオケになったご当地ソングも、一曲や二曲ではない。私も全国を旅しているが、こんなに多いところは初めてだ。

その「壱州《いっしゅう》の民」にとって最大の悩みは、ゴミ問題かもしれない。壱岐は筒城浜《つつきはま》など全国的に見ても極めて水準の高い美しい砂浜に恵まれているのだが、今は拾っても拾っても海からゴミが流れてくる。いわずとしれた「ハングルゴミ」である。

日本人はあまり知らないが、韓国人の釣りのマナーはプロの漁師も個人の釣り人も世界最低水準といっていいだろう。対馬と同じく国境に近い島というのは何かと苦労があるものだ。

対馬国

九州と朝鮮半島の中間の日本海に浮かぶ、面積約７００平方キロメートルの島で、元来は一国というほどの大きさではない。

しかし、博多からは海路約１２０キロメートルの距離にあるのに、韓国の釜山《プサン》からはわずか約40キロメートルしか離れておらず、空気の澄んだ冬場などは、釜山の灯《あか》りがはっきりと見えるほどの近さにある。いわば「日本最前線」であり、「国境」でもある。

陸続きの国家と違って四面を海に囲まれたわが国は、国境ということをあまり如実に感じない国民性をもっているが、対馬国《つしまのくに》の人々は大いに違う。いや、違うどころか、この地の人々は有史以来、朝鮮半島や中国大陸の国家と日本本土の国家との交渉の板挟みになり、悩み続けてきた。今もそれは続いているといっても過言ではない。

太古の昔、この島は朝鮮半島と陸続きだったらしい。その証拠ともいえるのが天然記念物であり、

絶滅危惧種に指定されているツシマヤマネコの存在だ。

ツシマヤマネコはベンガルヤマネコの一亜種で、朝鮮半島にも棲息《せいそく》していた。沖縄県西表島のイリオモテヤマネコは、あの島にだけ住んでおり「生きた化石」といえるような存在だが、ツシマヤマネコはその分布が朝鮮半島に広がっていたことで、逆に対馬と半島との強いつながりを証明している。

しかし、対馬はまぎれもなく日本の一部である。韓国の某市が日本の島根県が「竹島の日」を決めたのに対抗して「対馬の日」を決めるという暴挙を敢えてしたが、竹島が日本領である以上に、対馬は古来の日本領だ。

邪馬台国への道程が書かれていることで名高い中国の歴史書『魏志倭人伝』にも、「朝鮮の帯方郡《たいほう》」から「倭に至るには（中略）韓国を歴《へ》て（中略）始めて一海を度《わた》る千余里対馬国に至る」とあり、そこには女王卑弥呼から任命されたとみられる高官（卑狗《ひく》〈彦ではないといわれている〉）がちゃんといたのである。

この帯方郡から対馬、対馬から一大国（壱岐島）への道程は、どんな学者でも異論はない。ここから先の記述をどう判断するかで、邪馬台国の場所が「九州説」あるいは「大和説」に分かれるということだ。

中国・朝鮮から日本へくる場合、逆に日本から朝鮮・中国に渡る場合、対馬は絶好の中継点であった。遣隋使も遣唐使もここを通っている。いわば日本の玄関口だった。しかし、それは中国・朝鮮と何か軋轢《あつれき》があった場合は、まず対馬が矢面に立たされるということだ。

玄関口として戦の被害を受ける

7世紀、日本の天智天皇は国運を賭けて朝鮮半島の百済《くだら》を救援した。中国（唐）と結んだ新羅が朝鮮半島を統一すると、日本と親しい国が朝鮮半島から消滅してしまう。実は、ずっと後世の日露戦争もそうだが、朝鮮半島が大国の支配下に置かれようとしたとき、日本は戦争に踏み切るのである。

663年、日本・百済連合軍は朝鮮半島の白村江で、唐・新羅連合軍と対決し敗れた。百済は滅亡し、日本軍は大勢の百済の亡命希望者を伴って帰国した。

天智天皇は半島統一の勢いにのって、唐や新羅が日本に攻めてくるのを恐れ、日本各地に防衛拠点となる朝鮮式山城を築いた。なぜ「朝鮮式」かといえば、亡命百済人の技術を使ったからだ（これには異論もある）。

その城跡は全国各地にあるが、とりわけ石垣が見事に残っているのが、この対馬の金田城《かなたのき》である。ふもとから一の木戸近くまで登るのに1時間近くかかる。この雄大な城は唐の侵攻への恐怖によって生まれた。

一番ひどい目にあったのは、元寇のときだろう。日本に攻めてきたのは元（モンゴル）の兵だけでなく、その元に降服した高麗や南宋の兵も含まれていた。

そもそも海を渡るための軍船はすべて高麗製であった。遊牧民族のモンゴル人は、外洋航海ができる船を造る技術などもっていない。そもそも大半のモンゴル兵は、泳ぎすら知らなかったろう。

これが後に「神風」が吹いたときに大きな意味をもってくる。

しかし、対馬には「神風」は吹かなかった。

数万の元軍を守護代の宗助国《そうすけくに》はわずか80余騎で迎え撃ち、全員玉砕した。

しかし、宗氏はこの後も生き残り、鎌倉幕府から対馬国の正式な守護に任じられる。

むしろこのとき戦ったことが良かったともいわれる。数万vs 80では勝てるはずがない。しかし、勝てなくとも武士としての義務を果たしたと、高く評価されたのだ。

一方、朝鮮半島の国家（新羅・高麗・李氏朝鮮）は常に倭寇の害に悩まされていた。

そこで高麗では宋氏の存在に目をつけ、しばしば倭寇の取り締まりを依頼していた。宗氏もこの期待にこたえ、しばしば倭寇をとらえ拉致された人々を高麗へ送り返したので、対馬との関係は良好であった。

宗氏と李氏朝鮮とのかかわり

ところが、李氏朝鮮の時代に対馬島主宗貞茂が亡くなると、何を思ったか朝鮮国王の父太宗《たいそう》は対馬に遠征軍を送り、人々を殺し家を焼き船を沈めた。朝鮮国の一方的な侵略行為である。これは知らない人が多いが、応永の外寇《がいこう》（応永26年〈1419〉）という。

もちろん朝鮮側にも言い分があった。貞茂が亡くなった途端、倭寇の活動が活発となり朝鮮側の町が数か所襲われ、多大な被害を受けたのである。その報復というわけだ。

しかし、それならそれでなぜ宗氏を襲わねばならないのか？　宗氏はむしろ倭寇の取り締まりに実を上げていたのであり、だからこそ貞茂が亡くなった後、その活動が活発化したのだろう。それなのに宗氏を討つとはひどい話である。

私はこの侵略は、朝鮮側の「カン違い」によるものだと思っている。倭寇がきたのは事実だが、その頭目は宗氏ではない。

その証拠は、朝鮮側で太宗が死に世宗《せそう》（訓民正音《ハングル》を作った名君）になると、貞茂の息子宗貞盛と嘉吉《かきつ》条約（日本年号嘉吉3年〈1443〉）に定められた。朝鮮は年号を立てられないので「癸亥《きがい》約条」と呼ぶ）を結び、宗氏に二百石の歳賜米《さいしまい》（いわゆる捨扶持《すてぶち》）を与え、年50隻の貿易船の派遣を許した。こうして宗氏は朝鮮との貿易利権を独占する形となった。

韓国人の読者ならおわかりだろう。もし宗氏が本当に倭寇の頭目であるならば、世宗は絶対に優遇などしなかっただろう。

確かに中国・朝鮮には「賊」に捨扶持を与えて取り込むという発想はあるが、世宗がそれをすれば父の太宗が討伐した「賊」を助けるということになる。これは儒教で最も許されない「父への孝に背く」行為になってしまう。宗氏はやはり「無罪」だったのだろう。

一方、世宗以後は「扶持」を与えていたのだから、宗氏は朝鮮国に服属したのだ、という形式論も成り立つ。しかし、その前に宗氏は幕府（日本の中央政府）から対馬の支配権を認められているという事実を見逃してはいけない。

政府と大陸との板挟みになる

宗氏が本当の意味で、日本と朝鮮との板挟みになったのは、豊臣秀吉の「唐入り」いわゆる「朝鮮出兵」以降である。現在は「朝鮮出兵」あるいは「文禄・慶長の役（朝鮮側では「壬辰・丁酉《ていゆう》の倭乱」）と呼ばれているが、秀吉の狙いはあくまで「中国（唐）＝当時は明」であった。

そこで秀吉は「明を攻める。ついてはわが日本軍の先鋒となれ」という、とんでもない要求を朝鮮側に突きつけた。それを仲介させられたのが宗氏である。

宗氏は悩んだ。朝鮮は明を宗主国《そうしゅ》としている。簡単にいえば「属国」だ。だから年号も独自には立てず明のものを用いている。そんな国が明に「反乱」など起こせるわけがない。

そこで宗氏は秀吉の書を改竄《かいざん》して朝鮮へ送り、朝鮮の返事も改竄して日本へ伝えた。とんでもない話のようだが、これ以外に方法はあったかといえば、私も首を傾げる。少なくとも、国家の安全をはかるためにはこの手しかなかったかもしれない。

しかし、やはり欺瞞《ぎまん》は不幸を生んだ。秀吉は、朝鮮が初めは協力を約束したのに、後になって裏切ったと誤解したからである。秀吉は朝鮮に対して報復戦を仕掛けた。それが慶長の役の実相で、特に明を目標にしていた文禄の役と違って、これはまさに「朝鮮侵略」と呼ぶべきものである。朝鮮全土は尽大な被害を受けた。

その加害者である豊臣家を滅ぼした徳川家康は、貿易の利に目をつけ朝鮮との関係を改善しようと、再び宗氏をその任にあたらせた。

ところが、再び宗氏は困惑した。「将軍」というのは日本の代表者なのか、それなら「天皇」はどうなるのか？　しかし、「日本国天皇」よりなどという国書は、朝鮮側は絶対受け取らないことも、宗氏は知っていた。「天皇」の「皇」は中国皇帝のみが使える佳字であり、そんな国書を受け取れば朝鮮は日本の「臣下」となってしまう。

そこで、宗氏は再び改竄に踏み切った。面白いのは三代将軍徳川家光の時代に、宗氏の家老柳川某が主家は国書を改竄していると幕府に訴えたことである。それは事実なのだから、他の国なら宗氏は断罪されてもおかしくないが、幕府は柳川の方を処罰し、宗氏は不問に付した。

この問題の根底には中華思想がある。

中華の国（中国）はあらゆる国に比べ優れている。だから朝鮮や日本などとは、対等の関係など有り得ないのである。そして自ら「小中華」と称した朝鮮もそれは同じだ。少なくとも「天皇」は絶対に認められない。その本来なら絶対に「通信」などできない両国を、まさに「二枚舌」を使うことによって交流可能にしたのが宗氏の「功績」である。

だが、そのツケは後世に残った。

「宗氏の外交政策」は日本の歴史の中でも、最も評価の難しい問題かもしれない。

なお、明治年間、東郷平八郎提督《ていとく》が連合艦隊を率いてロシアのバルチック艦隊を撃滅した海戦を、日本では「日本海海戦」というが、世界海戦史では「対馬沖海戦」と呼ぶ。まさにこの対馬沖が主戦場だったからだ。

肥後国

肥後国《ひごのくに》は現在の熊本県、天草などの島部を除くほぼ全域である。昔は肥前国（佐賀県、長崎県）と合わせて「火の国」といった。

その語源は『肥前国風土記』に、崇神《すじん》天皇の世に天上に火が燃えさかるのを見た人々が、天皇に奏上したところ、「火の国」の名を賜ったとある。

この「空の上の火」とは一体何なのか？　そのように見える天文現象もあるようだが、私はもっと直截に阿蘇《あそ》山の小噴火ではないかと思っている。

日本を代表し、世界最大級のカルデラ（火山によってできた広大な凹地）をもつ、この「火の山」は、昔から肥後国の象徴であったに違いないと思うからだ。

阿蘇山というのは、箱根山のように総称で、具体的には中央火口付近の根子《ねこ》岳、高岳、中岳、烏帽子《えぼし》岳、杵島《きじま》岳の五つの山を指す。最高地点は高岳の1592メートルになっている。ちなみ

にこれは、ヒゴノクニ（1592）の語呂合わせで覚えられる。

装飾古墳が伝える朝廷以外の勢力

この地は古くから開けた土地であった。その証拠の一つが、「装飾古墳」がこのあたりに集中していることだ。

装飾古墳というのは、筑後国の項でも述べたが、古墳の石室などの壁に画や線刻などがある古墳のことだ。というと特に若い人々は、奈良県飛鳥の高松塚古墳やキトラ古墳を思い浮かべるだろうが、実はあれは「壁画古墳」と呼ばれて装飾古墳とは区別されている。

高松塚の発見は昭和47年（1972）だが、なぜ世紀の大発見とされたかというと、それまで畿内（奈良県や大阪府など古代の都があった地域）の古墳からは、壁画など出てこなかったからだ。宮内庁指定外だが、ひょっとしたら天皇陵かもしれないと考えられる古墳ですら、そういうものは痕跡すらなかった。ところが、あんな精密な壁画が突然出てきたので、考古学者も含めて仰天したのである。

この高松塚古墳の謎はまだ解かれていないが、話を装飾古墳に戻すとこの古墳の壁画とは丸や三角の幾何学模様や、単純化された絵の組み合わせが多く、高松塚の壁画とはまったく違うものである。

しかしその分布も、その６割以上が九州地区、それもこの肥後国あたりに集中しているのである。

一方、畿内ではほんのわずかしか見られない。

ということは、大和朝廷とは別の勢力の文化ではなかったかという推察ができる。ここで想起されるのは、熊襲（クマソ）のことだ。昔、肥後国球磨郡《くまぐん》から大隅国（鹿児島県東部）贈於郡《そおぐん》にかけて、大和朝廷に逆らった部族がおり、その部族が朝廷に服属した後は隼人（ハヤト）と呼ばれたという伝承がある。

特に景行天皇の皇子であったオウスノミコトが、女装して熊襲の本拠地に忍び込み敵の大将クマソタケルを倒したとき、クマソタケルから「あなたのような勇敢な男は、ヤマトタケルと名乗るべきだ」といわれたという神話もある。

古代史に残る大和朝廷への反乱の一つに、筑紫君磐井《つくしのきみいわい》の乱（５２７年）というのがあるが、この乱に失敗して滅ぼされた磐井の墓と伝えられる岩戸山古墳（福岡県八女市）は、大和式の前方後円墳だが、大和にはない石人・石馬が発掘されている。

そして、この岩戸山古墳には壁画はないが、被葬者がそれより古く、同じ系統とされる近くの石人山《せきじんさん》古墳（八女郡広川町）には石人があり、棺に幾何学文様が描かれており、磐井も広い意味での熊襲《くまそ》の系統につながるのではないかという、推測もできる。

ダム建設史に残る反対運動

この肥後国の人々の気質をあらわす言葉に「もっこす」がある。「もっこす」とは頑固者、つむじまがり、変わり者のことで、昔から「土佐のいごっそう」と並んで、よく知られた言葉である。
ところで「蜂の巣城」をご存じだろうか？　戦国の城ではないし、黒澤明監督の映画のタイトルでもない。昭和も戦後になってから造られた、「日本公共事業史」を語るのに欠かせない「城」なのである。

昭和33年（1958）、当時の建設省は筑後川水系に松原・下筌《しもうけ》の二つのダムを建設することを計画し、水没予定地の住民に対して説明を行った。しかしそれは「洪水をなくすためにはダムが絶対に必要だ」という主張があるだけで、住民への補償問題はまったく語られなかった。

これに怒った地域住民の室原知幸《むろはらともゆき》は建設絶対反対を表明し、「同志」の住民たちと共にダム建設予定地に建物を造り、ここへ交代で「籠城」した。これが蜂の巣城である。

5年後の昭和38年（1963）に「落城」するまで、住民の抵抗は続いた。「蜂の巣城主」室原の名は「肥後もっこす」の典型として語り継がれることになった。

室原は最終的には国に敗れた。しかしその奮闘は無駄ではなかった。これ以後、国はダム建設において地域住民の利益を尊重し行動するようになった。室原は「公共事業は理に叶《かな》い、法に叶い、情に叶わなければいけない」という言葉を残した。

そして、ダム建設によってできた人造湖は「蜂の巣湖」と命名されたのである。

この肥後人の気質は、古代から連綿として続いてきたものではないだろうか。

だから大和朝廷がこの地を服属したときも、人々を勇猛な戦士として活用しようとした。

663年、大和朝廷は朝鮮半島の百済を応援するために大軍を繰り出したが、白村江の戦いに

敗れ、その結果百済は滅亡し朝鮮半島は唐の支援を得た新羅によって統一された

こうなると逆に、唐と新羅の連合軍が海を渡って日本を攻めるのではないかと、天智天皇は大いに恐れ、都を初めて畿内からはずれた近江国（滋賀県）の大津に移し、西日本各地には迎撃用の城をいくつも造った。その一つと目されるのが、この肥後国の北部にある鞠智城《くくちじょう》である。

鞠智は後に「菊池」と表記が改められるが、九州の氏族の中でも勇猛の誉れ高い菊池一族は、このあたりがルーツとされている。おそらくは鞠智城《くくちじょう》に徴兵された兵士のうちの相当数は、菊池一族の先祖であったろう。

この鞠智城は結局実戦に使われることがなかったし、菊池一族も別の場所に中世の拠点を置いたので（菊池本城）、次第にその存在は忘れ去られた。ところが、今となってはそれが良かった。そのために、雄大な朝鮮式山城の遺構がそのままの形で、後世に残されることになったのだ。

現在、大規模な発掘と調査が進められており、一部建物も復元公開されている。私も最近訪ねたが、史跡としては大変価値の高いものだと思う。現在、地元では佐賀県の吉野ヶ里のような国営の歴史公園としての指定を受ける運動を進めているが、この運動の成功を祈りたいと思う。

名城、熊本城を築いた加藤清正

さて、こういう気質の人々はいったん反抗の気配を見せたら、為政者にとっては大変厄介なことになる。その最大の被害者は、織田信長・豊臣秀吉に仕えた武将として有名な佐々成政《さっさなりまさ》であろう。

本能寺の変で信長が死んだ後、成政は秀吉に反抗したが最終的には降服し、この肥後一国を領地として与えられた。

ところが肥後は大勢力がなく、こうした「もっこす」の国人《こくじん》（郡や村を支配領域とする地元豪族）52人によって分割支配されていた。そこへ成政は、「領主」として赴任することになったのだが、成政を主君として認めない国人たちは一揆を起こした。

成政もよく戦ったが、彼らはなかなか強く手に負えない。ついに秀吉の命令で近隣の大名が援軍として駆けつけて、ようやく一揆は鎮圧された。秀吉は一揆が起こったことの責任を問うて成政を切腹させ、国人たちも反乱の罪でほどんど処刑した。

この後に、肥後半国（北半分）の領主として送り込まれたのが、秀吉子飼いの加藤清正である。反抗分子のいなくなった肥後で、清正は得意の大土木工事を行って新田を多数開発し、それまで厄介者だった国人の二男や三男にも土地が行きわたるようにした。そこで彼らの不満はおさまった。

また、それまで隈本と書いていたのを熊本と改め、日本の名城史の中の傑作、熊本城を築いたのも清正である。秀吉が清正に肥後北半分を与えたのは、南半分の領主小西行長と共に、唐入り（朝鮮出兵）の先陣をつとめさせるためだった。

つまり、この地の兵の強さを大和朝廷のように利用しようとしたのであろう。その小西行長が関ヶ原で西軍につき敗れて領地を没収されたとき、徳川家康は肥後全体を清正に与えた。清正は各地で、農業生産力を高めるための土地改良工事を行った。

清正といえば「朝鮮の虎退治」ばかりが有名だが、実際には「土木工事の天才」であった。熊本城の石垣は彼の一世一代の作品であるし、国内各地に造った堤防も「清正堤」と呼ばれている。ちなみに熊本では「清正公」と書いて「セイショコさん」と呼ぶ。

この加藤家は息子の代で、幕府の言いがかりとしか思えない「罪状」でとり潰しにあう。その後に入ってきたのが、細川家であった。細川家はもともと室町幕府の管領《かんれい》をつとめた名門で、都の文化に親しみ武骨とは程遠い家柄であったが、肥後国入部に際しては細心の注意を払い、加藤清正の位牌を奉じるなど「もっこす」の心をとらえる様々な配慮をしたという。

そのため、反乱や一揆の類は一切なかった。また、森鷗外の『阿部一族』は、この肥後細川家中に起こった武士の意地をめぐる悲劇で、小説ではあるが実話を元にしているといわれている。剣聖宮本武蔵が最終的に「客分」として身を寄せたのも細川家であった。

ところで九州といえば焼酎と思っている人が多いが、熊本県には日本酒もある。ところがそれより南の鹿児島県には、大手の醸造元がない。つまり日本酒の「南限」は肥後国なのだ。これはどうやら酵母と気温の関係らしい。

日向国

日向国《ひゅうがのくに》は、現在の宮崎県と鹿児島県の最北部を含む場所だが、上古には薩摩国と大隅国もその領域だったので、宮崎・鹿児島両県にわたる広大な国であった。

この国は山が多く、耕作面積がほぼ一割しかない痩地《やせち》だが、旧石器時代から人が住んでいたらしく、縄文・弥生の遺跡もある。

そして特筆すべきは、この地には畿内《きない》と同型の、しかもかなり初期の時代のものと考えられる古墳が、たくさんあるということだ。

特に古代日向国の中心地であった西都《さいと》市の、西都原《さいとばる》古墳群は有名だ。そのうち男狭穂塚《おさほづか》、女狭《めさ》穂塚《ほづか》は天孫《てんそん》ニニギノミコトと、その妃コノハナサクヤヒメの「陵墓」ということになっているが、それぞれ全長219メートル（後円部の直径128メートル）、全長174メートル（後円部の直径97メートル）の雄大なものである。

これらの古墳は、畿内のものと比べて前方部が細長く、上から見ると柄のついた昔の鏡のような形なので、「柄鏡《えかがみ》式前方後円墳」と呼ばれる。

それにしても天孫がここの出身だということは重要だ。そのことは神話（『古事記』『日本書紀』）にも明記してある。

神話の記述を信じるならば、天皇家はこの地の出身ということになる。

様々な神が登場する日向神話

一般に「日向神話」と呼ばれるものを、ざっと紹介すると、それは天皇家の祖先神でもあり、太陽の女神でもあるアマテラスオオミカミ（天照大神）が、高天原《たかまがはら》から「この国」を眺め、「この国を自分の孫に与えたい」と思ったところから始まる。

ところが「この国」には先住民族の王ともいうべき人物がいた。それがオオクニヌシノミコト（大国主命）であった。オオクニヌシとアマテラスの使者タケミカヅチらが交渉したのが、出雲国（島根県）である。

結局、オオクニヌシはアマテラスの孫（天孫）に「この国」を献上して「永遠《とこしえ》」に隠《かく》れる。その「お隠れ」になった場所が出雲大社であるのだが、その後なぜか天孫は出雲国ではなく、この日向国に天下《あまくだ》るのである。

これは「天下り官僚」の語源でもあるのだが、問題はなぜ日向なのか？　ということだ。

このことは後で詳しく考察するとして、日向神話のその先を述べよう。

日向国の高千穂《たかちほ》の峰に降臨《こうりん》したニニギノミコト（ホノニニギともいう）は、土地の神オオヤマツミの娘で絶世の美女のコノハナサクヤヒメを見初《みそ》め結婚することにした。するとオオヤマツミは、サクヤヒメの姉にあたる醜女《しこめ》のイワナガヒメをも「オマケ」につけようとした。ニニギはイワナガヒメの醜さを嫌って追い返した。

実はこれは大失敗であった。「花」を象徴しているサクヤヒメは確かに美しいが、その命は短く限りがある。しかし「岩」を象徴するイワナガヒメは、永遠に続く命の象徴だったのだ。

これを追い返してしまったため、神の子孫である天孫ニニギも、その子孫である天皇も人間並みの寿命になってしまった、というのである。

さてサクヤヒメは、一度の契《ちぎ》りで子をはらんだが、ニニギは自分の子ではないのではと疑う。怒ったサクヤは産室に火をつけた中で男子を３人出生し、自分が潔白であることを証明した。

このうち長男が海幸彦（ウミサチヒコ）であり、それにイジメられる三男が山幸彦（ヤマサチヒコ）だ。兄から借りた釣り針を弟がなくしてしまい、さんざん謝るが許してもらえない。

そこで山幸彦は海神の宮（龍宮）に行って、そこで海神の娘トヨタマヒメと結婚、秘宝シオミチノタマとシオヒノタマを授けられる。これは潮の干満を自由にあやつることができるものだが、この力によって山幸彦は海幸彦を屈服させる。

この海幸彦の子孫こそ隼人《はやと》であり、隼人が天皇家に服従するようになったのは、この時の誓いが元ということになっている。

この山幸彦とトヨタマヒメの子がウガヤフキアエズノミコトであり、その子がカムヤマトイワレヒコ、つまり天皇家初代神武《じんむ》天皇になる。

神武天皇の東征、すなわち大和への進軍がここから始まるのである。

日本に伝わる神話に対する偏見

日本神話の流れを分析してみると、明らかに天皇家は九州を故郷と考えている。

かつては「神話などデタラメであり、天皇家の支配を正当化するためのデッチ上げだ」という極めて独善的な、日本史を悪意でしかみられない人々の見解が一世を風靡したが、よく考えてみれば、そんな考え方は実に愚かで一面的なものだと気が付くはずだ。

確かに美化はあるだろう、正当化もあるに違いない。しかし、そこには「元になる話」が必ずあったはずである。しかも人間というのは、「一から十までデタラメ」はめったにいわない。いやいえないのだ。

ゼロから物語をつくるのには大変に手間がかかる。それに神話は「美化」だと決めつける論者は、結局神話をよく読んでいないのだろう。

たとえば『日本書紀』には雄略天皇は極めつきの暴君として描かれている。要するに神話の作者は、全然とりつくろってはいない。それも当然で「偉大な天皇」は何をしようと「偉大」なのであって、ふつうの人間には悪徳に見えることも大した悪ではないのだ。

これはアイヌ民族など、世界の伝統の古い民族がすべてもっている特徴である。先祖の行いは良いことも悪いこと（厳密にはふつうの人々から見れば悪いことだが、王者の行為としては必ずしもそうでない話）も、「ありのまま」伝えるのが正しいのであって、「神聖」な話に作為を入れてはならないというのが、通常の考え方である。

こうした「常識」で考えていくと、日向国が天皇家の故郷であるという「神話」は、かなり信憑性があるといえる。「先祖がどこからきたか」というのは民族の履歴《りれき》からいっても、絶対にゴマかしてはいけない「ネタ」なのだ。だから私はこれは信じてよい伝承だと思っている。

では出雲神話との関係はどうか？

出雲神話は、日本という国の支配権が大和朝廷と出雲王国のどちらにあったかという話であって、出雲には、やはり天皇家の立てた大和朝廷に匹敵する巨大な勢力があったのだろう。それは数百本の銅剣が一度に発見された荒神谷遺跡のような、考古学の視点からみても明らかなことである。

そして日本海側にある出雲王国は一番早い段階で、「高天原」つまり中国大陸か朝鮮半島からやってきた「アマテラス」に屈服した。しかし本格的な征伐はその後、九州に上陸した「アマテラスの後裔《こうえい》」によってなされた、と考えればどうだろう？

おそらく彼らの一族が、まず九州を征服して立てたのが邪馬台国であり、それは豊前国（大分県あたりにあったが、それが発展して九州から大和へ移動したと考えればどうか？

以前に述べたことがあるが、邪馬台国は「ヤマタイ」ではなく、発音から考えれば「ヤマト」（台は昔はドと発音する）である。天皇家の神話は「神武天皇は九州から東征した」、つまり「もともとの故郷は九州だ」と述べていることも合わせて考えれば、やはりそのように考えるのが妥当ではないか。いずれこの仮説をもう少し実証的なものにしたいと考えている。

伝承される高千穂は二か所ある

神話のことばかりになってしまったが、日本60余州（60余国）のうちで、日向は神話のふるさととして語るべき国なのである。ちなみに日向という国名は「ヒムカ」すなわち「日に向っている国」という意味らしい。

ところが天孫が初めてこの国に天下った（つまり海の向こうからやってきた）とされる高千穂は、ここがそうだという伝承地が二つある。一つは北部の高千穂町であり、もう一つは大隅との国境にある高千穂峰である。

後者は独立した高山で、頂上にニニギノミコトが天下りの際に突き刺したという、天《あま》ノ逆鉾《さかほこ》がある。全長約138センチメートルの銅（鉄ともいわれる）製である。この逆鉾は、日本初の「新婚旅行」をしたといわれる坂本龍馬とお龍《りょう》夫妻がここを訪れた時、「抜いてみて遊んだ」という由緒（？）あるものである。

この高千穂峰はまさに一つのポイントという感じだが、高千穂町の方は神話の里という雰囲気が漂う。山深く水清い地で、深い峡谷となっている高千穂峡、七界をみおろす国見ヶ丘、そして天岩戸神社《あまのいわと》もある。

天岩戸とはアマテラスが弟スサノヲの乱暴に腹を立て岩穴の中に籠《こも》ってしまったため、世の中が真っ暗になってしまった。そこで神々は太陽神アマテラスをおびき出すために、飲めや歌えの大騒ぎをしたという伝説である。

それが神楽の発祥といわれ、高千穂町では、それぞれの地区に分かれ11月下旬から2月中旬にわたって、それぞれ日を決めて夕方から翌日の昼過ぎまで33番ぶっ通しで上演する。

日本の神事として、民間の伝統芸能として、最も見事なものの一つである。

日向国は神の時代が終わると、それほど目立つ国ではなくなる、いや、南に薩摩国、大隅国、北に豊後国、西に肥後国と、目立つ国々に囲まれむしろ歴史の中に埋没していったとすらいえる。

しかし、それも国の個性というものだろう。

日向国は、日本の国家形成に重大な役割を果たした特異な国なのである。

大隅国

大隅国《おおすみのくに》は現在の鹿児島県の東部に、奄美諸島を加えた地域である。屋久島・種子島からなる大隅諸島もその領域に入る。

何分にも都から遠く離れた土地であったため、国府の位置も明確になっていないが、旧隼人町（現、霧島市）にある鹿児島神宮が古来の大隅国一の宮である。

ところで、隼人といえば多くの人はそれを隣国の薩摩国（鹿児島県西部）と結び付け、「薩摩隼人」という言葉を連想するに違いないが、実はこの「ハヤト」とは、大和朝廷以前に南九州にいた先住民のことらしいのだ。

大和朝廷の「征服神話」と見られるヤマトタケルの物語の中に、ヤマトタケルが九州の熊襲（クマソ）を「退治」する物語があるが、どうやらこのクマソこそ後のハヤトの原形らしい。

結局、ハヤトは大和朝廷に服属していたが、稲作を押しつけ、それで税を取ろうとする朝廷と、

作物の育ちがよくないシラス台地で狩猟・漁撈を中心としてきたハヤトとは反《そ》りが合わなかったのだろう。

養老4年（720）、ハヤトらは遂に赴任してきた大隅国国司を殺害し、反乱ののろしを上げる。これが有名な「隼人の反乱」である。

ハヤトは武勇に長じた民族だが、朝廷は全国の軍を動員できるという最大の強みをもっている。この征討大将軍に任じられたのが、万葉歌人大伴家持《やかもち》の父旅人《たびと》である。旅人は苦戦したものの、ついに反乱を鎮圧し後に従二位大納言まで出世する。

しかし、この反乱の原因が無理な稲作の押しつけであったことを知った朝廷は、その後数十年にわたって大隅国には班田収授法を適用しなかった。これはハヤト側から見れば、反乱の成果といえるだろう。

ハヤトの歴史が窺える一の宮

ところで、大隅国一の宮鹿児島神宮の主祭神はアマツヒコホホデミノミコト、つまり山幸彦である。「海幸彦、山幸彦」の神話は既に述べたが、山幸彦は兄の海幸彦に散々イジメを受けるが、海神（ワタツミ）の娘のトヨタマヒメに助けられ、逆に兄に復讐を遂げるという物語だ。

この神話は大和族（天孫族）と隼人族が争い、結局天孫族が勝ったことを反映しているのだということになる。

ハヤトはヤマトに征服され服属したのだから、負けた方の海幸彦こそハヤトの祖先ということになる。それに勝った側の山幸彦が一の宮の主祭神であるということは、この地が「征服された土地」であることを極めて明白に示していることになる。

ちなみに彼らはその武勇を買われ、後に朝廷の護衛官として使役されるようになった。そのとき、彼らが宮中で儀式として行ったのが、隼人舞《はやとまい》である。

これは海幸彦・山幸彦の神話をモチーフに作られたものといわれるが、このとき踊り手のハヤトが発するのが吠声《べいせい》である。一般には「犬の声」を真似たものだとされるが、これは山幸彦の復讐を受けたとき、海幸彦が溺れさせられそうになったところを再現しているのだ、といううがった見方もある。

とにかく、そういう意味では、ハヤトの本拠地は薩摩というより大隅の方かもしれない。

日本の鉄砲伝来の経緯を検証

ところで、屋久島・種子島など大隅諸島は元は多禰国《たねくに》といって大隅国とは別だったが、この島々にも様々なドラマがある。

種子島はなんといっても鉄砲伝来の島として有名だ。ただ、おそらく今の中年以上の人々が学校で習った鉄砲伝来のストーリーは、現在は大きく修正されているのをご存じだろうか？

昔は学校でこう習った。

「あるとき、嵐でポルトガル船が偶然に種子島に漂着した。その船に乗っていたポルトガル人が鉄砲を使うのを見て驚いた島の領主種子島時堯《ときたか》は、大金を出してそれを求め刀鍛冶にコピーを作らせた。これが日本の鉄砲伝来である――」

そして、それにはこういうストーリーも付け加えられる。

「ポルトガル人は日本語がわからず、日本人もポルトガル語がわからない。双方困っていると、偶然ポルトガル船に乗っていた中国人の「書生」が通訳をかって出た。日本人は中国語は話せないが、書くことはできる（いわゆる「漢文」）。そこで日本人が質問を砂浜の上に棒で書くと、中国人書生は答えを同じく漢文で砂の上に書いた――」

確かにこういう事実はあったらしい。だが、問題はこの中国人の正体である。

五峯《ごほう》という。既に述べたように「号」で意味は「海から突き出た五つの峰」、そして「峰」とは結局「島」のことで、これは日本の「五島列島」を意味する。

なぜ、そんな号をつけたかというと、この中国人は五島列島に本拠を置いていたからだ。本名を王直といい、実は東シナ海最大の「倭寇」グループのボスであった。

「えっ、倭寇って日本人海賊じゃないの?」と思ったアナタ、正確にいえばそれもマチガイである。

初期の倭寇は確かに日本人が中心で主に朝鮮半島を荒し回ったが、後期すなわち日本の戦国時代の頃になると、「倭寇」を名乗る者の大半は中国人であった。

他ならぬ中国（当時は明だが）の史料に「真倭《しんわ》（日本人の海賊）は十人に一人か二人」と書いてある。つまり少なく見積もってもこの時代、80％以上の「倭寇」は実は中国人だったのだ。

では、なぜそんなことになったかといえば、明王朝が海外貿易を禁止したからだ。これでまともな貿易業者もすべて犯罪者、つまり「賊」になってしまった。こうなれば中国人としての本名を名乗るよりも「オレは日本人だ」と偽った方が何かと都合がいい。明国政府も日本人には法の支配が及ばないからだ。

そこで特に大物は日本に本拠地を置いた。五峯こと王直もそうであったし、日中混血の武将鄭《てい》成功《せいこう》（国姓爺《こくせんや》）の父鄭芝竜《ていしりゅう》もそうだった。芝竜は日本の平戸（長崎県）に住んでいたからこそ、日本人女性との間に子をなしたのである。

だから五峯こと王直が、「漂着したポルトガル船に偶然乗っていた」とは考えにくい。むしろ「五峯の持ち船であるジャンク（中国船）にポルトガル人鉄砲技術者を乗せてやってきた」、つまり「種子島（日本）に初めから鉄砲を売り込みにきたのではないか」とすら考えられるわけだ。

ちなみに根本史料である『鉄炮記』には「大船がきて、それにポルトガル人が乗っていた」とは書かれてあるが、それがポルトガル船であったとは実は一言も書かれていないのである。

現時点で「売り込む意図があった」ところまでは認めない歴史学者もいるが、少なくとも「五峯」が「王直」であったことは、ほぼ学界の定説にもなっている。

ちなみに、日本人は極めて優秀で、あっという間に鉄砲のコピーを作ってしまったので、完成品を売り込むという彼らの目論見は崩れた。だが、それでも一向に差しつかえない。というのは鉄砲使用には火薬が不可欠だが、その主原料となる硝酸カリウム（硝石）は日本では産出されなかった。だから鉄砲を使えば使うほど硝石を海外から輸入しなければならないことになる。

この後、日本で南蛮貿易が盛んになったのも、大名たちがキリスト教に関心を抱いたのも、キリスト教を保護すれば「硝石輸入ルート」が確保できるからである。最も鉄砲使用に熱心だった織田信長が、キリスト教に好意的だったのもそのためで、また種子島は法華宗（日蓮宗）本門流の信徒の多い島だが、その大本山は京の本能寺である。

なぜ信長が本能寺を宿舎としていたかといえば、種子島とのつながりを確保しておきたかったからだろう。戦国時代、鉄砲という最先端技術の島であった種子島には、今、日本の宇宙センターがあり、先端技術の粋を集めたロケットが打ち上げられている。

秀吉ともかかわりある屋久島

一方、屋久島は海流と地形の関係で降雨量の大変に多い島だ。この自然条件が、世界遺産にも登録された「縄文杉」を中心とした森林を生みだした。

何しろ樹齢「1000年以上」でなければ屋久杉といわず、その中でも縄文杉はまさに数千年の寿命を誇るというから只事《ただごと》ではない。まさに自然界の一つの奇跡といっていいだろう。

ところで、この原生林の中に、発見者の名を取ったウィルソン株という、世界最大級の切り株があるのをご存じだろうか。なんと周囲が13・8メートルもある大木の切り株で、これは豊臣秀吉が切らせたものだと伝えられている。

これも一般には大坂城建設の用材として使ったというのだが、私は大坂城ではなく同じ秀吉が建立した方広寺の大仏殿の棟木に使ったのではないかと考えている。棟木というのは原則として一本の木でなければならず、建物が大きくなればなるほど入手が困難になるものなのだ。

人によっては大隅諸島には「属さない」という説を唱える人もいるのだが、硫黄島も歴史上興味深い島だ。もっともこれは太平洋戦争末期、日米両軍が死闘をくり広げた「硫黄島」（東京都小笠原村）ではない。種子島や屋久島近くの島だ。これが『平家物語』に登場する、実在の僧で「鹿ケ谷《ししがたに》の首謀」俊寛が流された鬼界ヶ島だという説がある。

もっとも、実は近くに喜界島という島もあり、これは発音が一致するのでこちらではないかという説もある。いずれにせよこの近くのどこかの島に、俊寛が流されたことは間違いない。

奄美も大隅国の領域だが、実は正式にそうなったのは明治年間のことであり、この歴史は同じく明治年間に正式に「日本」となった沖縄（琉球王国）の歴史とからめて語るべきであろう。

薩摩国

薩摩《さつま》は、かつて独立王国であった琉球《りゅうきゅう》を除けば、日本国60余州（60余か国）の中で、最南端にある国である。

青い海原に三方を囲まれ、気候は温暖だが台風の直撃もしばしば受ける。日本の南端にあるということは、外国の文化も人もここから入ってくる。

古くは鑑真も、フランシスコ・ザビエルも、サツマイモもここから日本に入った。九州の北端にある筑前国博多が、主に中国や朝鮮半島からの「入り口」なら、ここは「南蛮」文化の「入り口」であった。

一方、ここは隼人という、日本国内における最も精悍《せいかん》な民族の土地でもある。日本最大の革命ともいうべき明治維新は、この薩摩隼人の力によって成し遂げられた。

しかし、その隼人の文化は尚武《しょうぶ》の気風のためか、文よりも武を尊び、女性よりも男性を重んじ

るという、極めて保守的な一面もある。その「保守」の国が海に向って開かれていて、様々な「革新」が入ってくることによる一種の「せめぎあい」、これが薩摩の歴史の面白さだろう。

ペリーの黒船来航（1853年）から150年が過ぎた。「ペリーショック」が明治維新を招いたことは誰でも知っているが、具体的にはどういうことだったか、きちんと認識している人は少ない。実は今とよく似ている状況だ。

それまで日本は絶対に安全な国だった。なにしろ四面が海に囲まれているのだ。外敵に攻められにくい国だった。ところが、黒船という当時最新鋭の戦艦は、蒸気機関という強力なエンジンで動くため、それまで不可能だった巨大な大砲が積めるし、大量の兵を運ぶこともできる。船自体を鉄張りにして装甲《そうこう》することもできる。

つまり、海の上から地上の都市を攻撃できる新兵器だったのである。「日本は海に囲まれているから安全だ」が「日本は海に囲まれているから最も危険だ」ということになってしまったのだ。

東アジア最大の国家中国(当時は清《しん》)が、イギリスに散々な目にあわされたのもそれだ。要するに、欧米列強の侵略に対して日本は完全に無防備な「丸腰国家」である、という事実が誰の目にも明らかになった。それが「ペリーショック」なのである。

現代にも通ずる薩摩国の歴史

では、どうすればいいか？

要するに、西洋の科学技術を取り入れ、軍を含めて国を近代化し、欧米列強の侵略に耐えうる国をつくればいい——ところが、この誰が考えてもあたり前のことを、実行した人は初めは、ほんのわずかであった。

その数少ない先覚者の一人が薩摩藩の第二十八代藩主島津斉彬《なりあきら》である。斉彬はまず反射炉（溶鉱炉）を造るところから始めた。それまで日本はまともな製鉄所すらなかったのである。

当時の日本の大砲は、戦国時代のままの青銅製のもので、これでは黒船に対抗できない。その材料になる鉄を作るところから、「近代化」は始まったのである。斉彬はまた、それまで低い身分だった西郷隆盛を見い出し、重役に抜擢したことでも知られる。

ところが不幸にも、この斉彬が急死してしまう。後を継いだのは異母弟久光の子の忠義で、忠義が若いこともあって父の久光が全権を握った。この久光という男、まさに保守の権化であり、薩摩人の欠点を一身に凝縮したような人物だ。外国人も外国の文化も大キライなのである。

もちろん好き嫌いは自由だが、問題はその感情が優先するだけで、具体的な方法論は何もないことだ。敵は最新の技術で造った新兵器で攻めてくる。ならばそれに対抗する技術力を身につけなければどうしようもあるまい。つまり「敵に学ぶ」ということだ。

ところが、久光はこうした努力をすべて「西洋カブレ」の一言で片付け、徹底的に排除した。そして外国人に対してはひと言でいえば「斬り殺せばいい」という過激で危険な路線を進んだ。これを攘夷《じょうい》という。

尊王《そんのう》攘夷とセットで語られることが多いが、尊王（天皇家を尊ぶ）ということと攘夷は本来関係はない。尊王だが開国という路線もある。いや、冷静に考えればこの道しかないはずだが、久光はこれを否定し、反対する人々を弾圧した。西郷も流罪に処せられた。攘夷を続けていけば、行き着く先は外国との戦争である。

ペリー来航から10年後、薩摩藩は久光体制のもと、イギリスと戦争におよんだ（薩英戦争、1863年）。当然、ボロボロに負けた。鹿児島の町は焼土と化した。そこで初めて目が覚めた。斉彬が正しく西郷が正しいことを万人が認めたのである。

現代の日本も「太平の眠り」つまり「平和ボケ」が進んだ結果、弾道ミサイルという新兵器に丸腰状態にある。昔と似ているというのは、そこのところだ。「日本刀で国を守れる」という攘夷論である。もちろん、それは空想であって現実ではない。同じように護憲論、つまり「平和憲法」で国が守れるかどうか。

「攘夷論者はバカだ」と口でいうのは簡単で実際にそうなのだが、現代のわれわれに、彼らを「空想的」と笑う資格があるのかどうか。ここは一つ、冷静に考えてみることが必要だろう。

鹿児島市内の意外な観光の穴場

ところで南国といえば、肥沃な大地を思い浮かべるかもしれないが、薩摩の大地はあまり豊かではない。というのは、桜島があることでわかるように、地質が火山灰質なのである。

これは米作にはまったく適さない。米は暖かくて水の多いところが適している。暖かくても水はけの良過ぎる乾いた大地では、いい茶は取れるが、米は実らない。だから昔の薩摩は意外にも餓死者の多い国だった。それを救ったのが、このような土地でも育つサツマイモである。もっとも、われわれは「サツマ」から来たので「サツマイモ」と呼ぶが、当地に住んでいる人は「カライモ」という。

薩摩料理はこのカライモが中心となっていたせいか、どこかほんのりと甘い。そして、この甘口の料理にぴたりと合うのが、同じ材料で造りながらむしろ「辛い」味わいの焼酎であろう。酒というのは面白いもので、その地方の郷土料理に合う酒が生き残っている。甘い料理には辛口の酒、辛い料理には甘口の酒という「法則」が一応あるので、旅行好きの人は覚えておくといいかもしれない。

薩摩国の「首府」鹿児島市は楽しみの多い町だ。

城山、尚古《しょうこ》集成館、維新ふるさと館といった明治維新の英雄たちの軌跡を訪ねるのもいいし、鹿児島ラーメンやサツマ揚げ、焼酎といった美味を探求するのもいい。

一つ、耳よりな話をお教えしよう。

あまり知られていないが、実は鹿児島市内の50軒余りの銭湯はすべて天然温泉なのである。桜島は農業的にはあまり好ましいものではないが、その恩恵もある。鹿児島市は日本で一番安く温泉巡りができる町なのだ。

地図を見ていると、ついつい温泉地に目がいくが、鹿児島市内だったらビジネスホテルに泊まっても、朝5時から入浴料数百円で温泉巡りを楽しむことができる。市の観光課では「かごしま温を片手に温泉のハシゴもできるというわけである。
泉めぐり」という、銭湯の位置、泉質、設備などを記したパンフレットを出しているから、それ

郷中教育が人、国を育ててきた

薩摩の文化をつくったのは、やはり薩摩隼人という純朴で精悍な人々である。その文化に触れたければ、道を南にとり知覧《ちらん》町あたりまで足をのばすことをお勧めする。知覧には武家屋敷の町並みがそのまま保存されており、薩摩藩の武家文化というものが、どのようなものであったかを知ることができる。

また知覧には、太平洋戦争で特攻隊として出撃し、若い命を捧げた人々の跡を振り返る「特攻平和会館」もあり、この物騒なご時世にあらためて国家、戦争、平和といった問題をしみじみと考えさせてくれる。ここは物見遊山の気分で行ってはいけない場所だ。

薩摩はこの他にも、指宿《いぶすき》などの温泉に恵まれ、開聞岳、池田湖といった風景の美しい国でもある。海に面した町といえば、奈良の昔、鑑真和上が日本上陸した坊津町も、時間があればぜひ訪ねてみたいところだ。釣り好きの人にはたまらない場所だろうし、日本最南端の国に立って、はるか大海原を見つめるのも、なかなか興趣《きょうしゅ》がある。

再び鹿児島市内に戻って驚くのは、西郷隆盛と大久保利通という、明治維新史の中でも巨人といわれる二人が、実は「ご近所」であり、小さい頃から遊び友達であったということだ。

この奇跡のような出来事の一つのタネは、教育だろう。

薩摩藩には郷中《ごうちゅう》教育というものがあった。これは男の子が「青年」になるための一段階として、青年の自治組織のようなもの（これが郷中だ）をつくり、青年が少年を教育するという方法だ。

これが大変優れた教育方法であったことは、薩摩のいわゆる維新の志士たちが、ほとんど一人の例外もなくこうした教育の体験者であったことからもわかる。

ボーイスカウトが生まれたのはイギリスだが、その創始者ベーデン・パウエルはこの郷中教育を参考にボーイスカウト制度をつくったという説がある。明治維新に注目した彼は、その根幹にある若者の教育システムに目をつけたというのだ。

筆者もボーイスカウトの経験がある。この説が本当に正しいなら、筆者も実は「郷中教育」の卒業生だということになるのだが――。

本書は『月刊旅行読売』２００３年６月号から２００９年６月号まで連載された「新ニッポン風土記」を再編集し、まとめたものです。

【著者紹介】
井沢　元彦（いざわ　もとひこ）
昭和29年（1954）、愛知県名古屋市生まれ。早稲田大学法学部卒業後、東京放送（TBS）報道局に入社。在職中の昭和55年に『猿丸幻視行』で、第26回江戸川乱歩賞を受賞する。以後、作家活動に専念し、歴史をテーマにフィクション・ノンフィクション問わず幅広く活動し、『日本人の心をとらえる　3の霊力に迫る』（旅行読売出版社刊）のほか、『逆説の日本史』『コミック逆説の日本史』『言霊』など著書多数。大正大学表現学部客員教授。
ホームページアドレスは
https://www.gyakusetsu-j.com/

井沢式
新ニッポン風土記　西日本編

2021年5月19日　第1刷発行

著　者　井沢元彦
発行者　坂元　隆
発行所　旅行読売出版社
〒101-8413
東京都千代田区岩本町1-10-5
電話（03）6858・4300
https://www.ryokoyomiuri.co.jp/
印刷所
製本所　共同印刷株式会社